智本论

006 ▶

智本论·经济周期

智本社——著

中国经济出版社
CHINA ECONOMIC PUBLISHING HOUSE
北京

图书在版编目（CIP）数据

经济周期 / 智本社著 . -- 北京：中国经济出版社，2023.6

（智本论）

ISBN 978-7-5136-7290-0

Ⅰ. ①经… Ⅱ. ①智… Ⅲ. ①经济周期理论 – 研究 Ⅳ. ① F014.8

中国国家版本馆 CIP 数据核字（2023）第 071570 号

责任编辑 张梦初 高 鑫 戴 瑛

责任印制 马小宾

封面设计 卓义云天

出版发行 中国经济出版社

印 刷 者 河北宝昌佳彩印刷有限公司

经 销 者 各地新华书店

开 本 710mm × 1000mm 1/16

印 张 15.75

字 数 200 千字

版 次 2023 年 6 月第 1 版

印 次 2023 年 6 月第 1 次

定 价 65.00 元

广告经营许可证 京西工商广字第 8179 号

中国经济出版社 **网址** www.economyph.com **社址** 北京市东城区安定门外大街 58 号 **邮编** 100011

本版图书如存在印装质量问题，请与本社销售中心联系调换（联系电话：010-57512564）

序：追问

在这个时代，提出一个好问题比解惑更为珍贵。

2008 年以来，我们经历了什么？金融危机、债务危机、政治民粹运动、经贸摩擦及逆向全球化、新冠疫情大流行、史诗级股灾、供应链危机、生育率断崖式下降及人口危机、国家冲突及战争、能源危机、粮食危机、国际秩序崩坏……世界，正滑入“马尔萨斯陷阱”吗？

每一个大问题都关系到人类的前途和个人的处境。但是，现代人追问能力的退化及网络传播下信息的泛滥，让问题变得复杂与神秘。

金融危机为何爆发，是美联储加息所致还是降息所致？是格林斯潘的问题还是美联储的问题？是美联储的政策问题还是制度问题？是监督制度问题还是全球央行及法定货币制度问题？全球央行及法定货币制度问题的本质又是什么？货币理论是否有问题？

显然，后危机时代，我们并未深刻认识到这些问题，以致金融体系不可挽回地恶化，货币沦为“公地悲剧”。集体行动如何避免“公地悲剧”？国家组织扮演了进步角色还是成为始作俑者？国家为何陷入“诺斯悖论”？

法国大革命后，民族主权国家成为人类进步的重要力量，国家现代化已是大势所趋。在全球化时代，民族主权国家与经济全球化是否会产生矛盾？当下，国家冲突是否与这一矛盾有关？全球一体化的认知是否有误？未来，国家组织如何演变？

为何有些国家经济增长快，有些国家则陷入停滞？为何有些国家的经济增长快但家庭财富却增长慢？这种经济增长模式是否可持续？当货币增速长期大于经济增速时，经济将走向何方？当经济增速长期大于家庭收入增速时，经济又将如何演变？

贫富分化是这个时代不可回避的问题。贫富差距的原因是什么？何处存在正当性和不正当性？货币政策是否加剧了不平等？福利主义是否破坏了公平竞争？

人口危机又是一大社会焦虑。生育率下降的合理因素是什么？

生育是否是必需品？额外因素是否增加了生育成本？老龄化的问题是养老问题、增长问题还是制度问题？通货膨胀、公共养老制度是否恶化了养老问题？

困惑，亦是我写下百万字且继续写作的动力。长期以来，我追问的线索是经济学的思维，即个人经济行为。不过，经济学“埋雷”无数，同样需要不停地追问。

追问不止，笔耕不息。智本社，与思想者同行。

清　和

2022年6月，深圳

前言

当今世界形势更加严峻复杂，宏观经济的不确定性增强。

从历史经验来看，经济危机表现出周期性，但其成因和对经济系统的脉冲却正在发生改变。本书意图从经济周期的视角阐述、分析人类历史上几次重大经济危机，探讨危机爆发原因和化解之策。

本书分为四个部分。第一部分为“周期：经济危机史”。本部分按照时间顺序分别讲解与分析20世纪30年代大萧条、2008年金融危机、2020年新冠疫情大流行、2022年欧美央行紧缩周期而引发的金融市场动荡，从经济学理论、现行金融制度和经济治理多个角度贴近历史。

第二部分为“起伏：风险与化解”。这一部分提到了影响经济危机的外溢性因素和应对之策，譬如《新冠疫情如何影响全球货币政策？》分析了新冠疫情诱发金融风险，全球央行货币政策的应对之策，以及《如何化解粮食安全担忧？》试图用经济学的角度理解当下全球聚焦的粮食问题。

第三部分为“历史观”。需要解释的是，本书的历史观选入了三篇文章，同样也分别对应了经济、疾病与战争三个主题，作为多元化视角的补充。这三篇文章包含大量细节，从历史现场出发，回顾人类危机史。

其中，《致敬保罗·沃尔克：半世风云，一蓑烟雨》一篇作为美联储主席保罗·沃尔克的传记，重点部分便是沃尔克如何应对历史性的滞胀危机；《与死神边际赛跑：我们胜算几何？》记录了人类疾病与抗争史；《当初二战能否避免？》则追溯二战爆发前夕的历史，近距离洞悉历史人物的选择。

第四部分则为“大家治学”。本书介绍的学者是哈耶克，他几乎目睹或亲历了跌宕起伏的20世纪发生的所有大事，其经济学理论及思想对我们应对危机有参考意义。《诺奖得主伯南克：当前大危机的始作俑者？》则向读者介绍了2022年度诺贝尔经济学奖三位获奖者的著作与理论研究。

最后，期望读者能够在阅读本书过程中获得知识与乐趣，以经济学的思维思考工作和生活中的现象与问题。本书如有疏漏之处，还望读者给予批评指正。

目录

周期：经济危机史

经济危机像一场洪水，“淹没”资产，破坏财富，摧毁就业，推倒社会秩序和普通人的安全感，只留下盘子里的坏面包和鱼骨头。

无论如何，经济危机是一种灾难。然而，经济危机并不像洪水、战争那么可怕，市场的自我调节能教会我们许多事。

经济学家，曾试图从大萧条中找到奥秘。不同的经济学家、学派在此交锋。危机过后，其缘由、逻辑和应对法则值得深思。

如今，经济危机与全球化治理愈加紧密。货币制度、财政制度、贸易规则是全球化治理的重要组成部分，而当今全球化秩序崩坏、治理落后的糟糕结果，也在经济上“砸出了一个个坑”，其余波辐射至每个人。

当下全球经济的脆弱性、不确定性，又会将我们引向哪里？

大萧条：两种流派的交锋

大萧条，是改变人类历史进程的一场大危机。

美联储前主席本·伯南克将美国大萧条称之为依旧无法触及的“宏观经济学圣杯”。他戏谑地自称为“大萧条迷”：“从那些竭尽全力、试图解决前所未闻的问题的倒霉政治家们，到那些在经济灾难中表现出英雄气概的普通人，各种各样迷人、悲壮的角色充满着那个时代。并非每个时代都能让人如此好奇。”

米塞斯、哈耶克、凯恩斯、弗里德曼等，这些曾经亲历这场大萧条的经济学家试图去解释它，甚至改变它。大萧条，两种截然不同的经济学思想在此交锋。本节从不同学派的角度分析大危机与大萧条的成因，探寻其现实价值。

01
信贷扩张与大萧条

大萧条是如何产生的？

从经济学角度来看，大危机与大萧条是两个概念。经济危机是一种经济失衡而不是市场失灵，这种失衡源自某些因素引发的集体性误判。而大萧条是一种市场失灵的现象，意味着自由市场丧失了自我调节能力。因此，在以下的分析中，我们均先分析大危机，然后再分析大萧条。

先看奥地利学派的见解。米塞斯和哈耶克的商业周期理论对经济危机的发生过程做了完整的演绎，一度成为一种预言。

是什么引发了1929年大危机？是什么导致了企业家出现集体性误判？奥地利学派认为，这源于人为干预导致信贷过度扩张，进而扭曲了市场价格和生产结构，导致企业家出现集体性误判。

米塞斯借鉴了庞巴维克的资本理论、维克塞尔的货币与利率关系的理论。他认为，当政府扩张信贷时，市场利率与自然利率发生偏差，扭曲了价格信号。企业家被过低的利率吸引进行贷款，同时被价格信号误导，进行产业扩张，转而投资更高级/更长周期的生产行业。随着银行收缩信贷，融资成本上升，债务负担增加，一旦企业家的成本难以回收，现金流断裂，企业破产，工人失业，经济危机就会爆发。

哈耶克在此基础上强调信贷扩张的真实储蓄和生产结构的时间维度，在《价格与生产》中他详细描述了商业周期的过程。他强调，银行扩张信贷必须基于真实储蓄，而是不是自行创造货币。自行创造货币，将会扭曲利率以及商品价格，而企业家根据错误的利率和价格信号，就会做出错误的跨期配置决策。

哈耶克在美国期间便认为，20世纪20年代美国的经济繁荣源自非真实储蓄的信贷扩张，而且是不可持续的。

但是，米塞斯和哈耶克的商业周期理论必须解释一个问题，那就是当时的美国商业银行扩张的信贷，到底是不是基于非真实储蓄。

其实，美联储从成立到大萧条之前奉行的是古典主义的清算主义思想。起初，美联储发行货币的逻辑，多数源自真实的需求和真实的储蓄。它的逻辑是这样的，商业银行吸收票据抵押向市场提供贷款。这是一笔真实的贷款，商业银行提供的贷款来自真实的储蓄。商业银行用这些票据作为抵押向美联储申请贷款。美联储联邦基金利率多通过再贴现率来调控，再贴现大多源自银行的贴现票据的贷款。这是一种自下而上的货币发行逻辑。

但是，到了20世纪20年代后期，美联储没有完全执行这种货币发行逻辑，其中最主要的原因是，黄金储备的增加。

一战后，美国成为欧洲多国的债权国，大量黄金流入。当时美国实施金本位制度，大量的黄金涌入，美元升值压力增加，这给美联储带来难题。美联储不得不同比例扩张美元。数据显示，20世纪20年代中后期，美联储黄金准备金总量上升47.5%，导致货币供应总量增加了62%。而扩张美元可能导致美元贬值，引发通货膨胀。为了降低通胀压力，美联储支持商业银行向各国发放大量贷款，试图将美元以国际信贷的方式流出美国。1925年，纽约银行、J. P. 摩根公司向英国贷款共3亿美元，在此后几年里也接连向比利时央行、意大利央行、波兰央行提供贷款。

但是，大量因黄金涌入而主动超发的货币依然留在了国内市场，压低了市场利率。20世纪20年代中后期美国的利率水平偏低，应该是低于自然利率。低利率降低了再贴现率水平，低再贴现率一定程度上拉低了银行的警戒线，让银行免于担忧危急时向美联储贷款会面临高额利息。数据显示，直到1929年，再贴现率才从5%提升到6%。

大规模货币流入了股票市场，刺激了股票价格上涨。1928年下半年，股价上涨20%，这离不开美联储的操作。美联储承诺并购买了超过3亿美元的承兑汇票，这大大刺激了股市情绪。12月31日，货币供给总量达到了730亿美元，为20世纪20年代资产泡沫的最高峰。

直到1929年10月28日，股市的崩溃成为最明显的信号。随后股票价格跌落谷底，企业家大量破产，银行紧缩信贷，大萧条如同流感一般蔓延到各个国家。

在奥地利学派乃至古典经济学派看来，市场进行清算、自我调整孕育了经济危机。随着市场清算，误判的企业破产，过剩的产能被消耗，市场价格下跌；当价格下降到一定程度时，市场需求增加，新的供给出现，产能缓慢扩张，价格逐渐上升；至此，经济开始复苏，错误配置的资源归正。

正如米塞斯的弟子巴斯罗德所说，"我们已经看到危机和萧条究竟是什么了，它们是由高效率的经济体中的消费者发动的一场恢复性的运动，它们终结了繁荣带来的扭曲。"

然而，这场经济危机愈演愈烈，最终演变成了大萧条。经济学家期待的市场自我调节和经济复苏迟迟没有出现，自由市场失灵的质疑声越来越多。而后，凯恩斯干预主义上台，政府干预思想统治了白宫近40年。这是我们所熟知的历史。

那么，真的是自由市场失灵了吗？

奥地利学派的观点是相反的——正是政府的错误干预导致了一场经济危机演化为大萧条。在20世纪20年代里，美联储以及银行体系扩张信贷引发了这场经济危机。而危机发生后，政府依然靠信贷扩张来干预价格，弱化了市场惩罚机制，延缓了市场清算的时间，导致大萧条持续蔓延。

从需求定律来看，在其他条件不变的情况下，价格提高，商品的需求量会下降，当价格下降到一定程度时，需求量就会增加，经济自然会复苏。而大萧条发生后，联邦政府采用了一系列的信贷援助、救济、维持工资率的政策手段，这恰恰阻碍了价格的自由回落。

随着局势的恶化，起初坚持“自愿救济”的胡佛也倒向了政府救济。1931年11月，胡佛开启了建立国家信贷公司（NCC）的计划，以接济濒临倒闭的银行。NCC在3个月不到的时间里向575家银行提供了1.53亿美元的贷款。到1932年，NCC被复兴银行公司（RFC）取代，从此大开发放信贷之门。

1932年，RFC获得政府资金后，上半年就向铁路、银行发放了10亿美元贷款，保证了许多银行、信托公司免于破产。随后，RFC的贷款额度、覆盖范围越来越大。1932年7月的紧急援助建设修正案通过后，RFC可发放资产达到38亿美元，可为各州、城市提供农产品、自偿性建设项目等贷款。

罗斯巴德在《美国大萧条》中引用了一个很好的例子——干预小麦价格。大萧条发生后不久，联邦农业委员会（FFB）宣布它将根据小麦市场价格提供1.5亿美元的贷款。随后，胡佛召集农业组织、FFB、土地银行为农户提供大规模补贴，试图以此维持小麦价格。

注意到政府对小麦价格的维持，麦农增加了小麦种植面积，第二年春天，小麦过剩的问题就显露出来。随后，小麦价格惨遭下跌。除了小麦，FFB在黄油、羊毛、葡萄产业中采取的稳定价格措施都相继失败了。不得已之下，胡佛开始呼吁农民推倒作物、屠杀幼小的牲畜，以减少农产品的供给。

稳定劳工市场、维持就业和工资率更被胡佛认为是“政府应肩负起的领导责任”。1929年秋天，胡佛连续召集钢铁、石油、建筑等行业的代表和劳工领袖前往白宫参会，请求他们不要削减工资。因为胡佛以及当时一些经济学家都认为，维持雇员高工资能够提高购买力，从而增加消费。

从萧条期到1931年下半年，美国的工资率一直维持在繁荣期的水平，事实上还增加了10%；而1931年后，工资率也只是小幅下降。胡佛在演讲中赞颂此举，认为企业家“人为维持工资率，优先牺牲红利与利润，是商业思维的进步”。但是，这种道德治国方略遭到了市场规律的惩罚。

在通货紧缩时期，维持雇员工资水平不变意味着实际工资在上涨。这对遭受财务危机的企业来说增加了成本负担，最终只会导致失业情况恶化。从大萧条起始截至胡佛离任的1933年3月，美国失业人口占劳动人口的比例达到25%，国民生产总值下降了近一半。

奥地利学派经济学家认为，看似主张“放任自由”的胡佛对经济进行了一系列错误的干预，阻碍了价格弹性回落，耽误了市场的自我清算过程。由于20世纪20年代屡次人为制造的繁荣乃至危机后的错误干预，最终导致了这场无可避免的大萧条。

02
干预主义与大萧条

关于大危机，弗里德曼在《美国货币史》中给出了货币主义的解释，他将之主要归因为美联储货币政策的错误。换言之，弗里德曼与米塞斯、哈耶克类似，认为美联储的错误政策是这场危机的主因。不过，弗里德曼倾向于从美联储的机制上去找原因。

实际上，20世纪20年代拥有铸币权的美联储，对于货币政策应该服务于什么目标的确缺乏一个清晰标准。在《联邦储备法案》中，联邦储备体系目标包括，“提供富有弹性的通货，提供商业票据再贴现的手段，在美国建立更有效的银行监督”或者“以促进商业和贸易发展”而确定对商业银行的贴现量。

作为总体的货币政策方针，这一规定具有相当的模糊性——比如在特定情形下，美联储更应该把商业繁荣还是金融稳定置于首位——这使得货币供应似乎更加受到随意的人为决策的影响。弗里德曼认为，由于缺乏明确单一的货币目标，美联储的货币政策不可避免地陷入达成不同经济目标的冲突中。而当时最为明显的冲突，存在于限制股票市场投机与促进经济繁荣之间。

20世纪20年代，美国的金融市场迅速发展，主要特征是企业融资方式首次从主要依赖银行贷款转变为发行股票和债券。1922—1929年，美国商业银行的投资占贷款额的比例均在40%上下波动，较高的投资比例反映了当时附属于商业银行的证券承销和发行公司的运作能力，通过这些附属机构，商业银行在许多城市实际上变成了债券与股票的承销商与经纪商。

证券市场的投机行为在美联储体系内部引起了普遍的担忧。但关于如何抑制投机性信贷的发放，纽约联邦储备银行（以下简称纽联储）与联邦储备委员会（以下简称联储委员会）却产生了意见分歧——弗里德曼认为这是权力斗争的结果。纽联储主张，应立即采取提高贴现率的方式，整体提升商业银行的借贷成本，从而限制流向证券市场的贷款规模。而联储委员会则认为提升贴现率的方式对商业活动而言过于严苛，可能限制生产性信贷发放，因而主张采取直接施压的方式，防止银行的过度借贷。1928年5月，联储委员会经济学家阿道夫·米勒就曾召集纽约各大银行的总裁，警告他们必须减少投机活动。

纽联储则并不认为，直接施压的“道德劝说”能抑制股票市场的投机活动。个别受到压力的银行或许会减少对华尔街经纪人的信贷发放，但这些人也可以很容易地转而从其他银行处获取所需的资金，最终的结果不过是换了一批银行向纽联储借款，银行间的借贷重新组合。

在给联储委员会的回信中，纽联储写道：“（纽联储）董事们相信能够成功影响或控制国内信贷总量最可靠、最有效的方法……是贴现率手段的应用，如有必要可以辅之以公开市场操作。”

争议的结果是，联储委员会数次否决纽联储以提升贴现率来挤压投资泡沫的提议，而后者亦对直接施压的策略不甚积极。直到1929年8月9日，联储委员会才最终允许纽联储提高其贴现率到6%。但纽联储认为，此时采取行动已为时过晚。或者说，正是此时的紧缩政策动摇了根基不甚稳固的金融市场，导致1929年危机的爆发。

冲突的根源，除了斯特朗去世后，存在于纽联储和联储委员会之间的权力之争，还有美联储自身在两个经济目标之间的游移不定：是遏制股票市场愈加严重的投机行为，还是促进经济稳定增长。

美联储试图从1920—1921年的紧缩政策导致的经济危机中吸取教训，避免采取任何中断经济增长的举措。此外，金融市场泡沫也已经令人无法忽视。在两个目标之间徘徊，美联储于关键的1928—1929年犹豫不决，以致错过了收紧信贷的最佳窗口期。

事后，弗里德曼对这种货币政策的双重目标做了直白的批判：“如果联邦储备体系的目标锁定为遏制股票市场暴涨，那么，它是不会在1927年采取宽松政策的。相反，联邦储备体系应该在当时而非1928年就采取紧缩政策，而且所采取的措施应当比1928年实际采取的更为严厉。毫无疑问，如果当初联邦储备体系采取了这样的政策，牛市会终结。另一方面，如果联邦储备体系专心致力于1923年政策声明中制定的促进经济稳定增长的目标，它在1928年就应采取比实际更宽松的措施……”

最终的结果是，美联储采取了一套对打破投机性繁荣而言太宽松，而对保持经济健康增长而言又太严厉的政策。于是，1927年的宽松政策鼓吹了投机泡沫，1928年的逐渐收紧政策又限制了货币供应增长，至1929年的货币紧缩后，致命萧条终于来临。

弗里德曼的解释似乎是对政府错误干预的可能后果的一种说明。在关于萧条的解释中，弗里德曼同样坚持美联储实施了错误的货币决策。在《美国货币史》中，弗里德曼批判，美联储在大萧条期间不作为、乱作为。美联储实施了紧缩政策，进而加速了通缩危机。在这一点上，弗里德曼显然是认可美联储作为公共机构的干预作用的。

大危机爆发到1933年为止，美国的货币存量一直处于持续下降的状态。1929年，美国流通中的货币和票据加上商业银行存款达到264亿美元，到1933年时已经下降至198亿美元，如此大规模且持续的货币存量下降无疑相当罕见。

实际上，一战后世界各国实行金汇兑本位（即可用外汇补充黄金储备作为货币发行的基础），美国的黄金储量在1929—1933年并非处于持续下降的趋势。1930年，美国黄金储量甚至相对1929年有所上升，从6014吨增至6478吨。

为什么美联储实施了紧缩政策?

当时美联储的思想主要是清算主义，倾向于私人机构的避险操作，而不是公共机构的逆周期调节。

美联储前主席伯南克分析认为，在金汇兑本位制度下，美国之所以在黄金储量上升的前提下货币存量反而下降，是因为银行恐慌和汇率危机导致的货币/黄金比率下降。也就是说，银行恐慌导致了人们兑款需求增加，而为了应对这种挤兑危机，银行需要提升准备金率；而外汇危机则会导致中央银行将外汇兑换成黄金，相应地，黄金在总储备中的比率上升。

并且，对挤兑的担忧不仅促使银行大幅提升准备金率，同时银行也会增加对流动性高的资产的需求，因此更少对外发放信贷。在紧缩环境下，银行出于保护自身资产的考虑做出的决定，进一步加剧了紧缩。

大萧条时期，美国有1/5的商业银行由于财务困难而停业，再加上由于主动清算、收购合并等，商业银行数量因此减少了1/3以上。其中，美国银行的破产是后来被认为具有重要意义的一次事件。

1930年11月11日，美国银行破产，流失存款额超过2亿美元。这是截至当时，发生倒闭的最大规模银行。在该银行倒闭前，纽约州银行检察长布罗德里克提出各种合并方案，试图挽救它。这些方案最初看起来是有可能成功的，为此，美联储甚至发布声明提名了一些理事人选。但直到最后一刻，清算所银行退出，拒绝按照方案向重组后的银行提供3000万美元的捐助。

而清算所协会主席对此则表示，美国银行倒闭仅仅会对“本地”造成影响。事实是，美国银行倒闭不仅造成大量储户资产流失，其对公众的信心的打击更是巨大的。恐慌在储户之间蔓延，并且这种恐慌的蔓延并没有受到地域的限制。

那么公众信心不足时，有什么力量能恢复公众信心？伯南克认为是：政府。这大约也是曾经身为美联储主席的伯南克为自身的干预政策所做出的最佳辩护。

伯南克认可弗里德曼的判断，当然在解释上，使用的是凯恩斯主义这套逻辑。伯南克继承了凯恩斯的思想，认为通缩比通胀更为可怕，往往更难靠经济的自我调适能力恢复；也继承了费雪的思想，对债务—通缩螺旋颇为恐惧。

03
贫富差距与大萧条

论及大危机与大萧条的解释，凯恩斯是一个绕不过去的人物。

凯恩斯在大萧条时期出版了《就业、利息和货币通论》（以下简称《通论》），其对经济危机的解释以及干预政策，受到了政界与学界的推崇。不过，凯恩斯的野心并不止于大萧条，他试图论证市场秩序自然走向崩溃，进而引出他的干预主义。

凯恩斯的主张源自一战。一战改变了欧洲学者对美好世界的一切幻想，也改变了经济学的历史。一战后的20世纪20年代，美国经济维持了高增长，但是与之相对应的是，英国经济陷入持续低迷。英国经济的低迷触发了凯恩斯的干预主张，他写文章、演讲呼吁政府废除金本位，降低利率，刺激英国出口；要求政府主张投资，带动英国闲置的机器运转，保障工人就业；同时，主张英国家庭妇女多消费，拉动经济增长。

凯恩斯与卡恩、罗宾逊夫人、斯拉法等剑桥年轻经济学家组成五人组，经常在一起否定他们的老师马歇尔的自由主义，讨论干预主义主张。当然，马歇尔的门生庇古、伦敦政治经济学院的罗宾斯等经济学家持反对态度。为此，哈耶克还特意赶赴英国与凯恩斯展开论战。

但是，时运站在了凯恩斯这一边。1929年大危机爆发了，作为经济学家，凯恩斯试图用一般性原理找到干预主义的微观根基。准确地说是，凯恩斯试图找到市场自然崩溃的理论基础。凯恩斯否定了萨伊学说，认为应从需求端出发，将市场自然崩溃的原因界定为有效需求不足。而有效需求不足的原因又是什么？

在《通论》中，凯恩斯找到了三个心理规律作为理由，分别是边际消费倾向递减规律、资本边际效率递减规律与流动性偏好规律。

凯恩斯认为，由于这三大规律的存在，自由市场定然会走向崩溃。以边际消费倾向递减规律来说，他认为，随着收入的提高，边际消费倾向递减，用于消费的占比会减少，而投资的占比会增加，因此经济越增长，收入越高，消费越不足，也就是有效需求不足，自由市场定然走向崩溃。

凯恩斯用有效需求不足说明市场自然崩溃，从而解释经济危机的必然性，进而推导出他的干预主义主张。如何干预？

一般认为，大萧条时期罗斯福总统的“新政”是凯恩斯主张的实践方案。新政内容包括紧急银行法，拯救大银行；农业调节法，给农民发放补贴；社会保障法，给失业工人、残疾人、贫困家庭发放补贴；以工代赈，扩张基建保障就业。

“新政”的思想到底是否源自凯恩斯？有人说，新政不过是胡佛政府救市方案的加强版；也有人认为，罗斯福是在效仿苏联。其实，“新政”的总设计师是罗斯福的密友、美联储第一任主席埃克尔斯。

大萧条期间，埃克尔斯作为犹他州的银行家也面临着银行恐慌的冲击。为了应付急于取款的储户，埃克尔斯甚至谎称一家美联储的运钞车中有自家银行的那一部分现金。获得新信心的储户散去，埃克尔斯和他的第一国民银行也成功地活了下来。

这样噩梦般的危机，埃克尔斯遭受了3年，事后回忆时他承认在当时的环境下，完全依靠自己生存并不是一件愉快的经历。

凭借与罗斯福的关系，埃克尔斯被任命为第一任美联储出席。他改变了美联储，将凯恩斯干预主义带进了美联储，从此清算主义退出了美联储。当然，他一直否认自己在当时接触过凯恩斯主义的任何信息。

他担任美联储主席后一项重要的改革是设立“美国联邦银行存款保险”。该保险为小储户的存款提供保障，而保障来自美国政府。也就是说，哪怕银行陷入倒闭，小额储户也能收回自己的存款。保障额度上限最初是5000美元，后逐渐上升至10万美元。这一制度极大地减少了因挤兑导致的银行倒闭数量，也是“新政”的最重要的成果之一。

埃克尔斯改变了美联储的权力结构，他成立了公开市场操作委员会，将货币控制权从12家联储银行集中到联储委员会。他解决了弗里德曼所称的美联储权力斗争的问题，接着，埃克尔斯实施他的干预主义计划。

与凯恩斯、费雪以及后来的伯南克一样，埃克尔斯对通货紧缩的恐惧大于通货膨胀。他采用后来称之为“逆风飞扬”的操作手段，通过扩张货币——甚至不惜暂时废除金本位的方式，以应对银行倒闭引发的债务螺旋。

埃克尔斯如此判断：“1929年到1930年的巨大吸力让少数人吸走了日益增长的当下财富……通过吸走普通消费者手中的购买力，存款用户也就会拒绝让自己充当需要商品的有效人群，也就不再认为自己应当将资本积累重新投入到新厂房的建设中。这就像是玩扑克牌，当筹码越来越集中到少数人手中，其他玩家也就只能通过借钱的方式继续游戏。一旦信贷系统出现崩溃，那么游戏也就结束。”

换句话说，1929年出现的急剧通货紧缩消耗了靠工资收入为生的普通民众的购买力，他们只能依靠借入更多的债务生活。然而，通货紧缩则扩充了债权人的财富，少部分人成为受益者。而由不稳定的信贷所支撑的消费一旦崩塌，生产也会相应萎缩。紧接着便是跌入通缩—债务螺旋。

埃克尔斯认为，要终止这一趋势，唯一的办法就是使少数人手中的货币重新流动起来，而能做这件事的只有政府。政府可以从少数人手中借入闲置资本，再通过各种方式将其交到多数人手中，包括修建公共设施，或对低收入人群提供福利保障，失业救济，农业拨款等。

到这里我们发现，“大萧条”是经济学思想史上的一个关键分歧点，古典自由主义与干预主义在此交锋，而最重要的战场就是美联储。概括起来，大致有三类主张：

以哈耶克、米塞斯为代表的古典自由主义，信奉清算主义，认为错误干预政策导致了大危机和大萧条，主张以真实的储蓄供应货币，反对信贷泛滥和干预主义，坚持金本位货币和自由货币。

以凯恩斯、埃克尔斯、伯南克为代表的干预主义，对自由市场不信任，畏惧通货紧缩，主张央行作为公共机构，向市场注入信用，实施逆周期调节，实现经济的稳定增长。

以弗里德曼代表的货币主义，在以上两者之间属于“中间路线”，认为错误干预政策导致了大危机和大萧条，同时也认可央行作为公共机构的信用价值；因此，弗里德曼主张的是最自由化的法定货币制度，即汇率自由化和利率自由化，同时采用单一目标制和定额发行货币的方式约束央行——弗里德曼认为，美联储应该被一台计算机所取代。

最后，大危机与大萧条的成因到底是什么？

我认为，大危机的直接原因是20世纪20年代中后期的信贷泛滥，而深层次原因是有效需求不足。

在信贷泛滥这一点上，哈耶克、米塞斯与弗里德曼、伯南克的主张是一致的。斯特朗时代的美联储没能完全坚持清算主义，在黄金涌入的情况下，使用了大量黄金准备超发了货币。

不过，对有效需求不足的观点分歧很大，哈耶克、罗斯巴德与弗里德曼都不会同意。弗里德曼还否定了凯恩斯有效需求不足的三大心理规律。其实，有效需求不足在当时是存在的，但它不是由凯恩斯所说的三大心理规律造成的——弗里德曼是对的。换言之，有效需求不足并不是市场的必然，也不能说明市场失灵。而大危机时期有效需求不足的真正原因是社会制度问题。当时的社会制度不够完善，农民、工人及底层人士受到不公平的对待，这导致收入分配失衡。在大危机前夕，美国的贫富差距达到了历史最高水平。很多家庭在举债度日，缺乏真实的购买力，制度因素导致了有效需求不足。

比如，美国大选，当时接近一半的选票来自城市的工商企业人士，而妇女没有投票权，很多农民及底层民众可能因投票成本高而自动放弃。这时的制度容易向工商界倾斜，不利于底层民众。直到一战时期，威尔逊总统推出一系列民权法案，这种状况才有所改变。比如，第十九号宪法修正案确立女性投票权，亚当姆森法案规定铁路工人享有8小时工作待遇，莱克顿反托拉斯法将反垄断扩大到价格歧视等普遍性问题，基廷—欧文法案解决童工问题。

不过，从制度的角度去探索有效需求不足的成因，容易被指责。凯恩斯对此颇为忌讳，而当时多数自由主义经济学家也未将制度纳入经济学的考量。这导致了大萧条后经济学没能走上正确的道路。

大萧条的直接原因是干预主义，深层次原因还是有效需求不足。

这两个层次都可以用需求定律来解释。干预主义延缓了市场清算的时间，打破了市场的公平竞争，拖延甚至加剧了危机，导致了大萧条持续蔓延。斯蒂格勒认为，大萧条时期许多国家提高关税，实施以邻为壑的贸易政策，阻碍了要素自由流通，实际上加剧了全球大萧条。

当时的社会制度问题导致贫富悬殊，普通家庭有效需求不足，这使得市场清算的力度更大，价格指数下降幅度要比一般的危机更大。根据需求定律，在贫富悬殊的市场中，当物品价格下降到相当程度，普通家庭才买得起，这时市场才真正触底，市场供应增加，就业率上升，经济缓慢复苏。这个探底的过程可能会延续很长时间，这就是大萧条。但是，这依然不能说明市场失灵。

可见，公正的制度是自由市场正常运转的必要条件。当然，公共机构，如政府及央行，也有其公共信用价值，关键是如何使用它——弗里德曼的道路是最自由化的法定货币，布坎南的道路是规则或宪法约束，哈耶克的道路是引入竞争。

再看如今全球经济与贫富差距：大萧条，历史照进现实。

参考文献

[1] 本 · 伯南克. 大萧条[M]. 宋芳秀，译. 大连：东北财经大学出版社，2007.

[2] 哈耶克. 价格与生产[M]. 许大川，译. 台北：台湾银行经济研究室，1966.

[3] 默里 · 罗斯巴德. 美国大萧条[M]. 谢华育，译. 上海：上海人民出版社，2009.

[4] 米尔顿 · 弗里德曼，安娜 · J. 施瓦茨. 美国货币史[M]. 巴曙松，王劲松，等，译. 北京：北京大学出版社，2009.

[5] 威廉 · 格雷德. 美联储[M]. 耿丹，译. 北京：中国友谊出版公司，2013.

[6] 约翰 · 梅纳德 · 凯恩斯. 就业、利息和货币通论[M]. 高鸿业，译. 北京：商务印书馆，1999.

拯救雷曼：危机为何爆发？

雷曼破产，已10年有余。

这一标志性事件背后依然布满疑云：

美国政府和美联储为什么不直接救助雷曼？若注资雷曼，金融海啸还会发生吗？

美国财政部接管“两房[①]”，美联储对贝尔斯登、美国国际集团、高盛、摩根士丹利施以援手，是选择性执法，还是遵循了“大而不倒”的潜规则？

美联储接管银行及私营企业，是否引发道德风险？

这场金融震荡的余波至今未消，其中的缘由、逻辑及灰度法则值得深思。

---

① 两房即房利美（Fannie Mae）与房地美（Freddie Mac），是带有政府性质的，两个联邦住房贷款抵押融资公司，当初是美国政府为解决老百姓的住房问题而成立的两个住房贷款公司。

01
拯救雷曼

2008年9月12日，星期五，晚上8点，纽联储会议室正在紧张地召开一场关系美国国运的重要会议。

与会者包括：高盛的布兰克费恩、美林的赛恩、摩根士丹利的麦克、摩根大通的戴蒙、花旗银行的潘迪特、纽约梅隆银行的凯利，还有瑞士信贷银行的杜根、法国巴黎银行的申克、苏格兰皇家银行的阿勒马尼和瑞士联合银行的沃尔夫。

当然，还有美国财政部部长保尔森和证券交易委员会主席考克斯。

纽联储主席盖特纳是本次会议的主要召集人，他的目标只有一个，那就是达成一个救助雷曼的协议。

不过，雷曼及其潜在收购者美国银行却没有收到邀请。

“感谢各位在这么短的时间内赶到。”保尔森财政部长道出了他的开场白。

接下来，他简单地介绍了雷曼岌岌可危的情况，并督促周末前必须找到解决办法。为了让与会者知道解决方案的重点，保尔森直截了当地说：“别指望政府拨款，解决问题的主角是你们。”

“如果雷曼不存在了，我们的日子会更加难过，你们应该出手。”保尔森接着说。

当天早上保尔森与美联储主席伯南克共进早餐，他们对此交换了意见，双方都表示应尽量避免雷曼在混乱中倒闭，鼓励私营部门自己解决自己的问题。

只是伯南克不明白保尔森为何要如此强硬表态。他没有追问保尔森原因，但猜测其原因应该是保尔森因救助“两房”而感到沮丧，他不想让自己成为救助华尔街的代言人。

纽联储主席盖特纳也表示，美联储不会提供“特别的信贷支持”。他同样以近乎威胁的语气跟各位大佬说：“如果你们找不到合适的解决方案，下周一一开市，恐慌情绪就会蔓延，一个局部问题将转变为一场大灾难，整个金融体系都将面临危险。”

保尔森和伯南克捂紧口袋的目的，是想逼迫华尔街金融大佬们出钱救助雷曼，毕竟祸是他们惹出来的。但是，在座的大佬们却希望财政部或美联储出手，他们有些人将保尔森的威胁视作是一种博弈策略。

一场复杂的权力及利益博弈渐入佳境。

会议前几个小时，金融大佬们都不急于表态，毕竟他们都还不清楚雷曼的真实家底。

会议室的隔壁，保尔森指定高盛、瑞士信贷组成核算小组，正在评估雷曼的真实资产。核算小组的律师、审计师、会计师将雷曼的账目查了个底朝天。

保尔森财政部长对各位金融大佬的消极态度感到愤怒：“这事关系到整个美国的经济安全，我会记住没有出力的人。”

说完，要求与会者第二天上午9点继续来此开会。

第二天（9月13日）早上，核算小组公布了他们的评估数据。他们认为，雷曼当前的资产价值应该打个六折，甚至更低。

这一结果使大佬们大跌眼镜，收购事宜立即陷入悲观境地。

伯南克甚至怀疑高盛是否故意压低了数字，夸大了风险。盖特纳向伯南克解释，存在这种可能，高盛和瑞士信贷共同评估的价值要远低于雷曼自己宣称的，这让市场很难相信雷曼公司。

这一天，与会者将注意力放在美国银行身上。美国银行之前表态，愿意用部分贷款加股权的方式对雷曼进行收购。不过，美国银行希望政府能够提供部分融资。但保尔森不希望财政部出钱，这次会议的目的是想让各位金融大佬出这笔钱。

其实，这也是伯南克的想法。华尔街各金融公司共同提供资金支持或担保，协助美国银行或巴克莱银行收购雷曼。万一两家银行都不愿意收购，那就采用合作机制，用整个金融行业的力量，防止雷曼在混乱无序中崩溃。就像10年前救助美国长期资本管理公司一样。

不过，伯南克忽略了一个事实：10年前大家携手救助长期资本管理公司时，雷曼公司开始想一分不出，后被迫出资1亿美元，距离最初承诺差1.5亿美元。

13日（周六）上午，在美国银行办公室，雷曼与美国银行的谈判团队紧张地磋商。到下午1点多，双方基本达成主要收购条款，律师团队正要起草收购协议。1点17分，美国银行其中一位代表外出接了一个电话。回来后，他表示很遗憾，董事会让他们终止收购。

雷曼谈判方如晴天霹雳。此时，雷曼才知道，与他们谈判的同时，美国银行也在与同样陷入困境的美林谈判。而且美林向美国银行“开出了无法拒绝的条件”。

在12日的会议上，雷曼和美国银行都没有参加，美林清楚美国银行是他们为数不多的买家之一，而且他们正在与雷曼接触。整晚的会议都在指望美国银行收购雷曼。在这种情况下，美林的赛恩表现出极强的求生欲，果断拦截，偷偷联系美国银行，并以“贱卖”的方式死死抱住这位金主。

实际上，保尔森财政部长试图以雷曼倒闭有可能引发金融灾难作为威胁，逼迫金融大佬们就范。

但是，美林、美国国际集团，甚至高盛这些金融巨头正在考虑的是如何自保。

会后，摩根大通的戴蒙召开了一场高管电话会议，他非常严肃地对24位高管说：“我们必须马上为雷曼申请破产做准备。”他接着又说：“还有美林……美国国际集团……摩根士丹利。”最后，他还补充了一句：“可能高盛也会申请破产。”

不过，保尔森、盖特纳、伯南克似乎没有这么强的危机感。在他们看来，美国银行拒绝雷曼虽然令人感到遗憾，但是他们愿意拯救美林，那也是一桩“美事”，至少不用美国政府出钱。

接下来，所有人都将希望投向第二位潜在买家——英国巴克莱银行，这实际上是雷曼最后一根救命稻草。

英国巴克莱银行没有投资银行业务，为了进入美国市场，他们愿意以100亿美元的价格收购剥离“有毒资产”后的雷曼。

在8月，雷曼CEO富尔德提出了拆分计划，将雷曼的问题资产和其他涉及房贷的资产剥离出来，组成一家“坏银行”；将最佳资产和优质业务合并为“好银行”。通过出售“好银行”融资，为“坏银行”注资。

当时，韩国产业银行对富尔德这一计划感兴趣，对雷曼提出了收购要约。他们本来有机会达成合作，但富尔德嫌弃对方出价太低。9月8日，韩国金融监管机构对这桩交易提出批评，这直接导致韩国产业银行放弃收购。

韩国产业银行的退出，对雷曼的打击很大。当天，雷曼股价就从14.15美元降至7.79美元，不少意向收购者都选择退缩。富尔德还向巴菲特、英国、中国等一些买家协商过收购事宜，但最终都未能成功。

实际上很多人都有一个疑问，“坏银行”的债权人能否向“好银行”追诉要求索赔?

9月14日（周日），保尔森与盖特纳来到会议厅，对大家宣布了一个与会者都知道的好消息，13日晚上，英国巴克莱银行拟定了一整套收购雷曼的计划，并已经准备执行。

如今唯一的障碍是该计划需要其他银行提供足够的资金为雷曼的不良资产融资，总共需要约330亿美元。盖特纳要求在场的大佬们给个数，制订一个详细的出资计划。

英国巴克莱银行的收购热情给予各位大佬们充分的信心，除了美林和贝尔斯登明确表示不愿意出资外，其他银行家都围成一圈开始认缴出资份额，其中摩根大通的戴蒙最为积极。

正当他们以为一切都妥当时，英国金融服务管理局的一把手麦卡锡给盖特纳打来电话。麦卡锡告知盖特纳，英国金融服务管理局仍需要评估巴克莱是否具有合适的资本结构来承担收购雷曼的风险。

挂断电话后的盖特纳，气愤地冲进保尔森的办公室，告知保尔森及考克斯英国金融监管当局可能否决这笔交易的事情。

保尔森当即表示不敢相信。他让考克斯再给麦卡锡打个电话确认一下。得到同样的答复后，保尔森亲自拨通了英国财政大臣达林的电话，对方同样表示，对这笔交易的潜在风险感到焦虑，巴克莱银行收购雷曼会给英国金融安全带来威胁。

挂掉电话后，保尔森狠狠地说了一句：“我们被英国人耍了，他们不想进口‘我们的癌症’。”此时，他还想打电话给小布什总统，让总统与英国首相布朗沟通，看能否有回旋余地。不过，他从达林的口中似乎已经听出，这件事布朗首相已知情。于是，他放弃了最后的争取。

“为什么我们之前没有想到？这太疯狂了。”盖特纳大叫一声。

保尔森、伯南克、盖特纳以及华尔街大佬们犯了一个严重的错误，他们压根儿就没有考虑到，英国金融监管当局会否决这笔交易，也没有第二个替代方案。

当时，人人自危。2007年次贷危机愈演愈烈，贝尔斯登在美联储的保护下被摩根大通收购，房地美、房利美被财政部接管。各家金融公司意识到雷曼的“有毒资产”规模巨大且关系复杂，可能引发金融震荡，“传染”到自身。所有人都在为自己寻找退路。

美国政府、华尔街金融机构都不想为雷曼做点什么或承担什么。英国财政大臣达林提醒保尔森：“我们需要确定将承担什么以及美国政府愿意做什么。”

保尔森的回答是：“那我们束手无策。”显然，华尔街各大佬、英国政府也会以同样的态度回敬。

这一天，对雷曼来说，是绝望的一天。

过完周日，留给雷曼的时日不多了。

英国巴克莱银行收购雷曼流产，保尔森立即意识到雷曼破产已不可避免。于是，保尔森、伯南克这些原本雷曼的救援者，立即转变为“拔管者”。他们紧急督促雷曼董事会尽快申请破产，越快越好，以防止糟糕的市场预期蔓延。

9月15日凌晨1点，雷曼董事会宣布：“雷曼向联邦政府申请11号破产保护法案。”

至此，这家经营历史长达158年的公司，成了美国历史上规模最大的投资银行破产案例。

02
雷曼时刻

2008年9月15日，星期一，早晨，雷曼总部大厦已挤满了记者。员工们进入各自办公室，将个人物品打包。当他们提着行李箱离开时，有些人脸色凝重，有些人抱头哭泣，有些人则情绪失控对拥挤上来的记者怒斥。

这家负债高达6130亿美元的公司轰然倒塌，除了2万多名员工失业外，还引发了金融市场的连锁反应。

上午一开盘，美股便遭遇了“黑色星期一”，道琼斯指数创“911”事件以来单日最大下跌点数与跌幅，全球股市也随之一泻千里。

次日，亚太股市，日本、中国香港、韩国跌幅都超过5%。

至此，全球经济遭遇雷曼时刻，次贷危机最终酿成了一场世界级的金融海啸。

就在雷曼宣布申请破产的同时，美国银行宣布，以440亿美元的总价收购美国第三大投资银行美林公司。

受雷曼的冲击，美国仅存的两家独立投资银行高盛和摩根士丹利也遭遇不小的麻烦。情况紧急的当属美国国际集团（AIG），这家美国最大工商保险机构涉及大量“有毒资产”，其中包括住房抵押贷款支持证券。

雷曼申请破产后，抵押贷款违约规模大增，大量购买此类保险的金融机构及交易对手纷纷向美国国际集团索赔。若得不到资金救助，这家公司可能撑不了几天，甚至几个小时。

16日，下午4点，小布什总统召集财政部长保尔森、美联储主席伯南克、顾问成员以及其他金融监管机构代表，在白宫罗斯福厅召开高级别会议。

总统一改往日轻松幽默的风格，脸色忧郁，并直言不讳地问道："我们怎么走到了今天这个地步？"

当时正坐在总统对面的伯南克，后来回忆说："这个问题振聋发聩。"

我们先从雷曼说起。这家公司在申请破产前是美国第四大投资银行，拥有158年的经营历史，曾经数次历险，但都逢凶化吉，越做越大，"有着19条命的猫"的称号。

不过，真正让雷曼脱胎换骨的是富尔德。富尔德于1969年加入雷曼，此人能力极强，性情暴躁，追求盈利目标，行事风格激进。

在雷曼从美国运通独立出来后（1994年），富尔德成为公司的掌舵人，开始带领公司屡创佳绩。

2006年，《财富》杂志的一篇文章盛赞雷曼之前10年内实现了"历来最卓越的经营业绩"，并认为"富尔德对雷曼的改造如此之全面，以至于这不太像首席执行官的做派，而更像是创始人的做派"。

不过，雷曼的业绩神话是由高杠杆撬动的。这家公司6390亿美元资产里面注入了大量的"有毒资产"。

富尔德为了做大资产，大力进军商业地产、杠杆贷款以及住房抵押贷款支持证券等领域，在突破风控的前提下，为已经负债累累的公司提供贷款。其中，对雷曼造成直接伤害的是，信用违约掉期（CDS）合约。

这是一种普遍的金融衍生品，属于金融资产的违约保险。比如雷曼公司发行10亿美元债券，你认购了部分债券，但是又担心有风险。这个时候怎么办？

你可以选择为这笔投资购买一份保险，这就是CDS。若雷曼这笔债券未违约，你定期支付保费即可；若雷曼违约，卖方承担你的资产损失。

格林斯潘担任美联储主席时，大力支持信用违约掉期合约，认为这是一项重要的金融创新，分散了美国的信用风险，提升了整个金融系统的抗风险韧性。他认为，银行比政府更有动力和能力来监管这一金融衍生品的风险，从而使其游离于美联储的监管之外。

然而，信用违约掉期使用柜台交易，缺乏中央清算系统，没有集中交易报价系统，没有交易准备金做保障，没有政府的系统监管。这就导致交易行为的非理性以及债务规模的膨胀。

首先，放贷机构、债券购买者依托着CDS的保障不顾风险大肆放贷，雷曼这类的投资银行突破了风控制度，发放了大规模次贷。

其次，美国国际集团这类保险公司发行了大量的CDS产品，一旦市场出现违约潮，他们将面临巨额的赔付压力。

美国国际集团旗下有家公司名叫"美国国际集团金融产品公司（AIG-FP）"，这家公司经营了大量信贷违约掉期衍生品。由于监管缺失以及美国国际集团间接的名誉担保，客户并没有要求这家公司提高交易保证金，如此这家公司长期处于轻资产、高风险运营状态。

最后，最为关键的是信用违约掉期违背了最初降低金融资产风险的初衷，异化为保险合约买卖双方的对赌行为。买卖双方都可以与信用保险的金融资产毫无关系，他们将赌注押在信用违约事件是否发生上。

比如雷曼发行了10亿美元债券，你不需要购买他的债券产品即可购买这一债券的CDS。你赌雷曼是否违约，如果雷曼到期无法兑付这笔债券，那么你将获得一笔“保险赔偿”。这实际上与赌马无异。

所以，信用违约掉期就演化为对手交易——一股强大的做空势力。若发生违约，持有信用违约掉期的机构将大赚。事实上，当时高盛正好持有大规模的雷曼金融产品的信用违约掉期，只要雷曼违约，高盛则大赚一笔。当然，高盛并不希望看到雷曼倒闭引发连锁反应。

2007年全球CDS市场的价值总额高达62万亿美元，远超当年美国GDP总量的14.48万亿美元，而美国次级抵押债券的总价值不过7万亿美元。根据2007年第三季度的统计，美国前25家银行持有的CDS产品价值高达14万亿美元。

所以，雷曼倒闭后带来违约风险，光信用违约掉期就可以破坏看似庞大的金融体系。而信用违约掉期，还只是美国复杂的金融链条中的一环。

在整个违约事件中，雷曼并非孤立的。实际上，从美联储、联邦政府到投资银行、次级贷款者、其他金融机构都是参与者。

自20世纪80年代里根政府开始，在强势美元的支持下，美国开启了金融资本主义模式，金融持续繁荣，股票和地产迎来史诗级的大牛市，但其终结于2007年的次贷危机。

在这种模式下，美国社会陷入两极分化，金融机构及跨国公司获利颇丰，制造企业及蓝领工人收入增长缓慢，贫富分化和社会矛盾逐渐凸显。

1990—2008年，老布什、克林顿、小布什3位总统以提高住房自有率为目标，倡导住房自有的“美国梦”。然而，完成这一目标的主要方法并非财政税收的转移支付，而是金融刺激手段。

从20世纪80年代开始，美国的联邦基金利率和房贷利率均持续下降。到了小布什政府时期，为了应对2001年的经济衰退，格林斯潘采取了低利率政策，市场利率连续3年降到2%以下。

在低利率的刺激下，美国的流动性严重过剩，金融市场异常繁荣，房地产和股票价格不断上涨，大量金融衍生品出现，其中包括大规模的CDS以及次级抵押贷款。

当时工薪阶层可以轻松地从银行开出50万美元的住房抵押证明，一个月后就可以拿到贷款。房地美、房利美为众多不符合条件的贷款者办理了大量的次级抵押贷款合同。

这些贷款合同被贝尔斯登、雷曼、美林等投资银行收购，他们将其视为金融“原材料”，通过层层切割打包、证券化，制作成一系列复杂的金融衍生品，然后投放到金融市场中。

这些复杂的金融产品是美国经济繁荣的驱动力，金融部门创造了当时企业利润总额的40%以上（2000年后至金融危机之前）。2007年，华尔街金融界从业人士的总薪酬高达530亿美元。

其中，高盛支付的薪水总额为200亿美元。金融衍生品的复杂性大大强化了金融的脆弱性，这些拿着高薪的金融精英们，没有一个人真正了解金融衍生品链条中的风险。

所有人都觉得自己将风险转移出去了，但是实际上每一个环节都在增加风险。雪球滚得越大，风险就越大，因为“原料”本身就是一个“毒资产”。在整个链条中，原本降低资产风险的违约保险CDS变成了击溃这一泡沫的核弹。

自2005年开始，美联储为了抑制流动性泛滥选择提高利率，从2004年的1.35%提高到2007年的5.02%。

利率快速上升，次级贷款违约潮爆发，CDS偿付风险大增。2007年8月，市值高达2万亿美元的次级贷款市场开始崩溃。美国第五大投行贝尔斯登旗下的两只主要做次级贷款衍生品交易的对冲基金崩盘，投资者损失了16亿美元。

次贷危机爆发。

次贷危机，本质上是资产负债表危机，技术层面上源于风控失当。但每个国家银行、金融风控失当的原因各有不同。

在全球融资市场以及金融衍生品最发达的国家，这场次贷危机主要来自流动性泛滥和金融宽监管放纵下的金融创新玩脱。投资银行盲目相信违约保险，大规模开发、交易次级贷款衍生品，直接酝酿了危机。

在拉美债务危机期间，巴西、墨西哥等国家的银行体系风控失当，主要来自政府部门的大规模借贷，根源上则是银行系统的国有化或非独立性所致。

而亚洲金融危机时期，韩国银行系统遭受外溢性风险的主要原因是，本土财阀势力盲目借贷，恶化了银行系统的风控体系和资产负债表。

所以，银行系统的风控，守住的是金融脉冲的阀门。

03
接管争议

时至今日，雷曼的倒闭都充满着各种疑云和争议。

最令人不解的是，为什么美国财政部长保尔森或美联储主席伯南克不直接救助雷曼？或者说，如果有一方接管了雷曼，避免了这张多米诺骨牌倒下，那么金融危机还会爆发吗？另外，也有一大批人对美国官方接管贝尔斯登、“两房”、美国国际集团等做法大加批判。

贝尔斯登在雷曼之前就已爆发危机，贝尔斯登持有大量债务抵押债券，投资者大量兑付现金，导致其现金储备枯竭，公司濒临倒闭。

当时，纽联储主席盖特纳发现了这一系统性风险，随即上报美联储。美联储与财政部联合干预，联邦储备局紧急支援300亿美元“兜底”，支持摩根大通收购贝尔斯登。美国政府的这次行动，给市场释放了一个救助信号。

接下来，保尔森财政部长直接接管了早已陷入旋涡之中的“两房”——房地美、房利美。具体方案是，财政部向房地美、房利美注资，并收购相关优先股；政府相关监管机构接管“两房”的日常业务，同时任命新领导人。

房地美、房利美是美国最大的两家住房抵押贷款公司。它们曾经是联邦政府旗下的机构，后来虽然私有化了，但长期获得政府的补贴。本质上，这是两家赚钱了归私人老板、亏钱了纳税人买单的企业。所以，“两房”某种程度上绑架了联邦政府的信用。

对于保尔森来说，除了救助，别无选择。保尔森对外称：“房利美的问题使金融市场面临系统性风险，接管这两大机构是当前保护市场和纳税人的‘最佳手段’。”

不过，保尔森对“两房”的接管，引发了市场的道德风险。同时，大量的批评者认为，不应该拿纳税人的钱去救助这些贪得无厌的大佬。

当时《华尔街日报》说：“如果联邦政府机构在救助贝尔斯登和房利美之后，再出手救助雷曼，那就无异于表明政府会为所有陷入危机的机构兜底，联邦政府的这个政策将鼓励更多不计后果的冒险行为。”

于是，下一个轮到雷曼时，保尔森的态度发生了逆转。

开始，几乎所有人包括雷曼CEO富尔德都认为，保尔森不会见死不救。但是，这一次保尔森的态度极为坚决，从始至终坚持财政部不会出资救助雷曼。

气急败坏的富尔德认为，财政部袖手旁观是雷曼破产的主要原因。当然，这也是他推卸责任最好的借口。

为什么保尔森救了贝尔斯登、房地美、房利美，唯独让雷曼赴死？

事实上，保尔森并非袖手旁观，他确实付出了极大的努力，试图拯救雷曼。但是，他的策略不再是直接救助，而是逼迫华尔街大佬们出钱共渡难关。启动市场的力量化解市场的系统性风险，这固然是理想的办法，但其中的分歧大大超出保尔森的预料。

保尔森、伯南克都意识到，之前对贝尔斯登和“两房”的救助，已经引发了市场的道德风险，也遭遇了铺天盖地的批判。他们这次坚持不让道德风险蔓延，同时也试图让一家金融机构破产以儆效尤。

事实上，“杀鸡儆猴”的案例，在世界金融监管史上也有先例。日本泡沫危机之后，金融监管当局有意打破不允许金融机构破产的

“护送船团方式”，让日本四大证券公司之一的山一证券以及大型银行北海道拓殖银行破产，以监管手段惩戒市场，抑制道德风险。

当然，保尔森和伯南克并不敢下这么大的赌注，毕竟他们很清楚，雷曼的体量对美国金融界来说意味着什么。

在确认雷曼破产不可避免后，保尔森和伯南克向小布什总统做了详细汇报。小布什总统的态度是，他不想看到雷曼破产，但尊重保尔森的做法，不希望财政部直接接管雷曼。

2008年是总统大选年，若小布什过度强调政府救助，定然不利于共和党继续赢得大选。就在雷曼申请破产前不久，共和党在竞选纲领中明确宣布：“我们不支持政府救助私营机构。”

之前，政府对贝尔斯登的干预，尤其是财政部对“两房”的接管，让保尔森和小布什总统陷于非议之中。

所以，从外部因素来说，雷曼时运不济，正好在这个节骨眼上成为政治与市场博弈的牺牲品。但，雷曼自身的问题更大。

雷曼的破产，最终让保尔森、伯南克以及小布什总统左右为难、里外不是人。

保尔森和伯南克汇报完关于雷曼即将破产的工作后，他们立即又向总统提出紧急援助美国国际集团的计划。

伯南克的理由是，拯救这家公司的动机绝对不是希望帮助它的股东或雇员，而是美国整个经济体系都无法承受这家公司破产。

美国国际集团的资产规模超过1万亿美元，比雷曼多出50%以上，在全球范围内拥有7400多万个企业与个人客户。

更重要的是，这家公司的主营业务本身问题不大，可以说很优质，但其主要问题是涉及大量CDS。如今雷曼倒闭，违约潮带来的大规模赔付压力，导致这家公司可能会立即破产。

伯南克非常严肃地对小布什总统说："由于国际业务关联程度非常深，一旦美国国际集团破产，很可能会导致美国和其他国家更多金融巨头的崩溃。"

保尔森也在一旁提醒总统，救助美国国际集团是必要的，而且能够选择的余地不多。市场上没有任何一家机构愿意收购它或为其提供贷款，政府也没有足够的资金接管。若美国国际集团还有足够的抵押资产，只能由美联储出手，为其提供贷款，使其免于倒闭。

关于是否救助美国国际集团，小布什总统选择信任保尔森和伯南克的判断和做法。

雷曼的倒闭，似乎表明了白宫对市场的惩戒态度。但当系统性危机发生时，"大而不倒"的逻辑似乎又成立了。

不过，逻辑之下其实还有很多关键细节。并非所有的"大"机构都可以得到美联储的救助。

向小布什总统汇报结束后，保尔森和伯南克又马不停蹄地赶往国会山。在那里，他们必须向难缠的议员们解释清楚，为什么要救助美国国际集团。

各种刁难的问题扑面而来，其中有议员问道美联储是否有权借钱给一家保险公司。

一般情况下，美联储可以借钱给银行和储蓄机构。伯南克的解释是，根据《联邦储备法》第13条第3款，在"异常和紧急情况"下，如果有5个或以上美联储理事会成员表决同意，美联储可以向任何个人、合伙企业或机构发放贷款。

会议持续了几个小时，议员们已显露疲态，他们开始意识到危机临近，对伯南克和保尔森的做法没有提出太多反对意见。

会议结束后，疲惫不堪的伯南克回到美联储办公室。纽联储的盖特纳正好给他打来电话说，美国国际集团董事会已经同意了他们提出的条件。

要得到美联储的救助，需要满足一定条件。出于谨慎，伯南克给美国国际集团提出了非常苛刻的条件。“因为我们不想去奖励一个失败的公司，也不想鼓励其他公司效仿美国国际集团去承担可能引发破产的风险。”伯南克回忆说。

美联储给美国国际集团的贷款利息很高，注资后占股比例要接近80%。而美国国际集团的优势是，其主营业务资产还比较健康、优质。

不过，伯南克对此还是感到极为不安。如果这次救援行动失败，市场对美联储的危机掌控能力的信任将受到毁灭性的打击。

美联储诞生于1907年金融危机之后，成立的初衷是避免银行倒闭潮。然而大萧条期间，美联储的功能没能经受住考验，甚至还成为大萧条的罪魁祸首（弗里德曼观点）。

在美国历史上，这是政府机构对市场介入程度最深、干预力度最大的一次救援，如果失败，美联储能否承担得起这个责任？在国会上，议员们已明确将所有责任都推给伯南克和保尔森。总统定然会为他们辩护，但是小布什总统再过几个月就要卸任了。

伯南克最终还是鼓起“行动的勇气”，“做他人不能做不愿做，却又必须要做的事情”。

在雷曼宣布申请破产的第二天，美联储对外宣布，授权纽联储为美国国际集团提供850亿美元的贷款。

市场普遍认为，雷曼持有大量“有毒资产”，主营业务的净资产已经大幅度贬值，只剩六折或更少，缺乏优质资产做抵押或吸引注资，已不具备向美联储申请贷款的条件。这是雷曼无法得到美联储营救的关键。

就连高盛和摩根士丹利，它们也只能“曲线救国”。作为仅存的两家独立投行，高盛和摩根士丹利向美联储提出转为银行控股公司的请求。美联储于2008年9月21日批准了这两家投资银行的请求。

高盛和摩根士丹利“变身”之后，它们才可以与其他商业银行一样永久获得从美联储紧急贷款的权利，以此渡过难关。

事实上，美联储作为“最后贷款人”的角色，极为不讨好，且备受争议。

9月15日，保尔森与伯南克对雷曼见死不救，市场还普遍认同。但第二天，这两人却对美国国际集团施以援手。批评声排山倒海般涌来，经济学家文森特·莱因哈特说：“政府跟雷曼划清了界限，现在却把这条线上的一部分抹掉了。”

有人戏称，“美国对自由市场的承诺只维持了周一那一天”，并将9月15日（周一）定为“自由市场纪念日”。

美国东方航空公司首席执行官弗兰克·博尔曼曾经说过一句经典的话：“没有破产的资本主义就像没有地狱的基督教。”

破产，确实是市场的一部分，也是市场启动惩罚机制的表现。若美联储、财政部不让企业破产，这是否意味着破坏市场机制？是否意味着助长贪得无厌的金融大佬们继续冒险？

亿万富翁威廉·柏金斯曾花重金买下《纽约时报》的整版广告，刊登了一幅漫画，上面绘有布什、保尔森、伯南克像硫磺岛战役中美国海军陆战队插旗勇士一样，将一面旗帜插上了资本主义的墓地。以此讽刺他们对私营企业的营救行为。

伯南克做了一个形象的比喻来解释其出手援救的正当性：一个男人在自家床上吸烟不小心点着了被褥，屋内起火并失控；此时，你正好居住在他的隔壁，那你是否应加入救火行列？我们一起将火扑灭，是否意味着助长这位邻居继续在床上吸烟？事实上，此时我们顾不上道德风险。

后来，随着金融危机的蔓延，伯南克启动了“大规模资产购买”，即通过购买“两房”债券、抵押贷款支持证券、国库券等方式向市场释放更多的流动性。此举我们通常称之为“量化宽松”。

伯南克的做法在程序上是合法的，他使得美联储承担起了“最后贷款人”的职责——这是目前世界上主要国家央行的关键职责。

英国19世纪传奇经济学家白芝浩在著名的小册子《伦巴第街》中，首次提出央行充当“最后贷款人”的职责：在金融危机时，银行应当慷慨放贷，但只放给经营稳健、拥有优质抵押品的公司，而且要以足够高的、能吓走非急用钱者的利率来放贷。人们将其称之为“白芝浩原则”。

这一原则所引发的争议一直都在，如道德风险、“大而不倒”、权力寻租、用纳税人的钱为冒险家“擦屁股”、助长金融大佬冒险并屡屡触发金融危机，等等。

但除此之外，又似乎别无选择。

保尔森和伯南克的救援行动，被认为是这次世界性经济危机未引发大萧条的关键。不过，这次危机的余波在全球范围内并未完全消失，这些救援行动的危害依然在不断扩散。

但，我们永远叫不醒一个装睡的人。

参考文献

[1] 本 · 伯南克. 行动的勇气[M]. 蒋宗强，译. 北京：中信出版社，2016.

[2] 安德鲁 · 罗斯 · 索尔金. 大而不倒[M]. 巴曙松，陈剑，译. 北京：中国人民大学出版社，2010.

[3] 瑞 · 达利欧. 债务危机[M]. 赵灿，熊建伟，刘波，等，译. 北京：中信出版社，2019.

美国三月股灾：史诗级暴跌与沃尔克规则

2020年3月，美股在10天内4次熔断。从股市表现来看，这次股灾下跌速度超过1929年大危机和1987年股灾，回撤幅度超过1929年和2008年两次大危机，快速逼近1987年股灾。

从2020年2月19日到3月21日，美股指数已跌去40%。前两次大危机时，股市跌到这个程度已经爆发了系统性风险，但是这次暂时还没有。接下来的走势，到目前为止有两种不同的观点：

一是认为当前正处于经济危机的边缘，或正滑向类似于1929年和2008年这两次级别的大危机。不少宏观经济指标显示，美国经济处于危机的边缘。

二是认为这次股灾类似于1987年股灾，不会引发经济危机。

支持这一观点的理由是，这次股灾与1987年类似，美国经济的宏观基本面没有问题，处于经济上升周期。

1987年“黑色星期一”后，整个10月，美股下跌了22.6%。但是，在美联储实施宽松政策后，美股在第二年一季度便收复失地，第二季度美国经济增速达5.4%。

经济危机，在经济学上并没有严格的定义，一般指爆发系统性风险，具体表现为大量企业倒闭、工人失业、债务崩盘、信用塌陷、产能锐减、市场动荡等。

接下来，美国经济到底走向类似于两次大危机的深渊，还是形同1987年股灾后涉险过关？

本节对比2008年经济危机前与2020年股灾前的杠杆结构及资产负债表，探索股灾与疫情叠加下的美国经济走势——是否会发生经济危机。

01
金融危机如何爆发？

复盘1929年、2008年两次大危机，当股指跌去40%时，全球已经深陷危机之中。为何“这次不一样”？

事实上，很多宏观指数（如宏观杠杆率、贫富差距）都预示着美国正在逼近经济危机。比如，2008年金融危机后，美国的宏观杠杆率有所下降，但是2015年后开始缓慢抬升，到2020年已经超过金融危机时的水平。

微观上，杠杆率可区分为政府杠杆率、金融部门杠杆率、非金融部门杠杆率和居民杠杆率。

2008年金融危机爆发前，宏观杠杆率从2004年迅速增加了50个百分点。其中，金融部门杠杆率和居民杠杆率上升迅速。

当时，美国的杠杆率走向主要是由金融部门主导的。在次贷危机之前，美国的金融增加值占GDP的比例达7.5%。这说明美国金融风险非常高。

美国金融部门的杠杆率主要集中在投资银行，尤其集中在大规模的金融衍生品。

在2008年金融危机爆发前，美国商业银行的杠杆率为10~12倍，投资银行的杠杆率达到20~25倍。加上表外杠杆率20倍，当时美国投资银行的杠杆率超过40倍。

2007年底，美国五大投资银行（高盛、摩根士丹利、美林、雷曼、贝尔斯登）的资产总额为4.3万亿美元，股权资本为2003亿美元，杠杆率为21.5倍。加上表外负债17.8万亿美元。由此推测，当时美国五大投资银行的真实杠杆率超过110倍。

当时，美国快速扩大的衍生品规模，迅速推高了投资银行的杠杆率。

危机爆发前，国际市场的金融衍生品交易规模与2003年相比增加了4倍。2007年1—5月，美国市场上不同衍生产品杠杆率总体保持在1~99倍，平均水平达到35.6倍。

这五大投资银行手握大规模的金融衍生品，其中雷曼最甚。

雷曼，拥有158年的经营历史，破产之前为美国第四大投资银行。但雷曼真正崛起于富尔德时代，或直接说是衍生品时代。

雷曼的业绩神话，是由高杠杆撬动的。富尔德掌管雷曼后，他大举进军次级住房抵押债券及相关金融衍生品领域。击垮雷曼的是信用违约掉期合约的衍生品。

这是一种常见的金融衍生品，属于金融资产的违约保险。

2007年全球信用违约掉期合约市场的价值总额高达62万亿美元，远超过当年美国GDP总量的14.48万亿美元，而美国次级抵押债券的总价值不过7万亿美元。根据2007年第三季度的统计，美国前25家银行持有的信用违约掉期合约价值高达14万亿美元。

雷曼赌博式地押注次级住房抵押债券和信用违约掉期合约，规模快速膨胀，2006年实现了“历来最卓越的经营业绩”。

但是，当时雷曼的表内杠杆率已经超过30倍，远高于五大投资银行的平均水平。次贷危机爆发后，雷曼手上掌握的6390亿美元资产沦为“有毒资产”。美联储、美国财政部、华尔街巨头望而却步，最终雷曼破产引发明斯基时刻。

为什么雷曼破产、资产价格崩盘，引发了金融海啸?

因为当时美国实行金融混业经营，投资银行与商业银行的业务高度关联，投资银行的金融衍生品崩盘后直接击穿了防火墙，引发商业银行、实体企业及美国家庭的破产危机。

1929年大危机引发大萧条，为了防范金融风险，美国国会颁布了《格拉斯—斯蒂格尔法案》，将投资银行业务与商业银行业务严格划分。这个法案推出后，美国商业银行不得包销和经营证券，也不能控股投资银行。

《格拉斯—斯蒂格尔法案》被称为“金融防火墙”，防止商业银行被证券业务风险感染，可以保护银行和家庭资产。

布雷顿森林体系解体后，浮动汇率的套利空间刺激了投资银行的兴起。当时的美联储主席格林斯潘认为，该法案约束了美国金融成长。

1999年，格林斯潘与克林顿总统蓄谋已久，一起推动废除了《格拉斯—斯蒂格尔法案》。从此，美国结束了长达66年之久的金融分业历史，消除了银行、证券、保险在业务上的边界，进入金融混业时代。

金融混业打开了金融衍生品创新的“潘多拉魔盒”，再加上流动性的支持，创富与危机并存。

2000年，美国遭遇了互联网泡沫。这场股灾打乱了格林斯潘的操作节奏，被迫紧急降息救市。

2001年，美国遭遇了恐怖袭击，格林斯潘不得不继续下调利率应对“911”事件对美国经济的冲击。

接下来的两年，小布什政府启动全球反恐行动，包括发动阿富汗战争和伊拉克战争。

2004年，为了提振国民的自信心和争取连任，小布什政府提出了再造美国住房梦计划。

2004年10月，小布什在华盛顿竞选连任的演讲时提出：“任何一个家庭搬进自己拥有的房子都会感到美国比其他国家强。”

这样一来，从2000年开始到2004年，格林斯潘不得不将利率长期维持在零附近，从而向市场释放了大规模的流动性。

在这流动性泛滥的4年里，花旗银行、摩根大通等商业银行转变为全能银行，大举进入投资银行业务。美国实体企业、家庭纷纷将资产配置在日益攀升的金融资产上，尤其是金融衍生品上。

危机爆发之前，美国金融企业的利润占到全部上市公司利润的份额从20年前的5%上升至40%。美国制造业占GDP的比例，从50年代的27%下滑至12.1%。美国家庭88%的财富都配置在金融资产上。

最关键的是，金融混业拆除了商业银行与投资银行、家庭资产与金融资产、实体经济与金融市场之间的防火墙。投资银行将债权债务的风险转嫁到许多家庭与实体企业身上。雷曼破产导致企业、金融及家庭部门的资产负债表迅速恶化。

以美国国际集团为例。

在危机爆发之前，美国国际集团依然是一家资产优质的保险巨头，资产规模超1万亿美元。但是，这家公司旗下的美国国际集团金融产品公司，与雷曼一样经营了大量的信用违约掉期合约。

由于金融监管缺失以及美国国际集团的间接的名誉担保，这家公司长期处于轻资产、高风险运营状态。

雷曼倒闭后，美国国际集团遭遇双重打击：

一是信用违约掉期合约崩盘，美国国际集团金融产品公司手上的资产成为“有毒资产”。

二是雷曼倒闭，引发连锁反应，大量金融公司破产，美国国际集团原有优质的保险业务，面临难以承担的赔付压力。

为什么雷曼倒闭，衍生品崩盘，会牵连成千上万的美国家庭？

2008年金融危机发端于美国家庭的次贷危机。

我们来看看美国的金融结构：

这次金融泡沫最底层的信用基础是住房信贷，包括优质信贷、中间级和次级贷款，由美国商业银行发放。

美国金融公司以房屋信贷为“原料”，通过层层切割打包、证券化，制作成一系列复杂的金融衍生品。

第二层是抵押支持债券（MBS），即房地美、房利美收购商业银行手上的抵押住房贷款，然后将其打包成标准化的金融产品发行证券，出售给投资银行。

投资银行可以在抵押债券基础上，衍生出担保债务凭证（CDO）、信用违约掉期合约等衍生品。

这种结构是一个倒金字塔结构，从住房信贷到金融衍生品，每往上加一层，杠杆都在不同程度地放大，风险也随之上升。一旦住房信贷的次级贷款崩盘，这个金融大厦就会垮台。

但是，正如安德鲁·罗斯·索尔金在其著名的《大而不倒》中所写：“这是一个关于冒险家的故事：他们敢冒一切风险，并已承受着巨大的风险，但又固执地认为自己没有冒任何风险。”

这些身经百战的华尔街机构怎么会意识不到次级贷款的风险？

主要原因有两个：

一是隐性担保。

在这条链中，由于联邦住房管理局、吉利美及“两房”的存在，政府相当于扮演了隐性担保者的角色。

房地美、房利美虽然已是私人机构，但是与美国政府有着千丝万缕的关系。同时，“两房”发行的抵押债券还是美联储的重要资产之一。

“两房”敢收住房信贷合约，商业银行就敢发放次级贷款，雷曼、贝尔斯登等投资银行就敢扩大衍生品规模。

截至2008年金融危机爆发之前，机构住房抵押债券的债务规模达到了近8万亿美元。其中，“两房”的住房抵押债券总额高达4万亿美元。

还有一点，“两房”及机构发行的住房抵押债券，资产还算优质，风险相对较低。从20世纪80年代开始，金融监管放松后，非金融机构也可以发行住房抵押债券，它们手上的资产包含了大规模的次级贷款。

二是对冲基金。

华尔街很多基金经理认为，衍生品的对冲机制可以有效地分散风险。

当时很多投资者都相信衍生品可以化解风险。

以CDS为例。

CDS本身是一种保险合约，倘若发行方违约，购买方便可获得赔付。因此，只要雷曼违约，购买了CDS的客户就可以获得一笔

"保险赔偿"。格林斯潘也认为，做空势力对雷曼等投资银行的冒险行为形成制约，同时降低个体家庭投资者的风险。

但是，信用违约掉期合约突破了最初降低金融资产风险的初衷，异化为保险合约买卖双方的对赌行为，引发交易行为的非理性以及债务规模的膨胀。

2005年，格林斯潘似乎看到了"魔鬼"，快速启动新一轮的紧缩周期。但是，到了2007年，美联储仅将利率提高5%，美国家庭的资产负债表就已崩盘（利息增加），大规模的次级贷款违约。

2007年8月，市值高达2万亿美元的次级贷款市场开始崩溃，引发整个金融系统的雪崩。一年后，雷曼倒闭引发金融危机。

02
股灾能否引爆危机?

2008年金融危机爆发后，美国宏观杠杆率逐步下降，但近些年攀升到危机前的水平。这一数据支持2020年股灾可能引发2008年级别的大危机。

但是，光看宏观杠杆率不够，关键还得看微观结构。

2008年金融危机至今，美国金融业的内在结构发生了如下变化：

◆ 结构调整：居民和企业去杠杆，政府加杠杆

2008年金融危机爆发后，美国各部门的杠杆率发生了显著的变

化：居民杠杆率大幅度下滑，政府杠杆率大幅度上升，企业杠杆率先迅速下降后缓慢上升；同时，金融部门的杠杆率大幅下降。

先看居民杠杆率。

次贷危机导致美国大量中产阶层破产，对美国家庭实施了一次暴风骤雨般的去杠杆行动。到这次股灾之前，美国居民杠杆率从次贷危机前的103%下降到了70%以上。

再看金融部门的杠杆率。

大量金融衍生品违约及金融公司倒闭，加上奥巴马政府上台后强化金融监管，清理了大量的金融衍生品，尤其是对冲、高风险品种，直接降低了金融部门的杠杆率。

以美国四大银行为例：高盛、摩根士丹利、美国银行（收购了美林证券）、摩根大通（收购了贝尔斯登）。

2008年金融危机时，四大银行经历了四大蜕变：

一是杠杆率大幅度下降。

金融危机之前，摩根士丹利杠杆率达到33.4倍（2007年）；危机后，杠杆率骤降至12.96倍，之后进一步下降至2018年的10.88倍。

高盛整体杠杆率由2007年的22.37倍下降至11.01倍。

美国银行是商业银行（投资银行业务少），其杠杆率从2007年的11.69倍下降至2018年的8.67倍。

二是资产分布得到优化，资产质量更高，现金流更加充足。

2018年，高盛的现金及等价物占资产的比重从2007年的1.06%上升到13.57%；美国银行从2.48%上升到7.47%；摩根士丹利从2.45%上升到5.58%。

三是四大银行的负债结构得到优化，长期债务比重增加，负债稳定性更高、风险更低。

2018年，高盛与摩根士丹利的抵押融资占总负债的比例，分别从2007年的23.70%和37.79%，下降到15.43%和9.21%。高盛与摩根士丹利的长期借款占负债的比例，分别从2007年的15.35%和18.8%，上升到25.82%和24.17%。

2018年美国银行总存款占负债的比例，从2007年的51.2%上升至64.6%。

四是业务结构得到优化，高杠杆、高风险的衍生品业务大幅度减少。

以高盛为例，高盛的各类证券及衍生品占收入的比重，从由2008年的59.18%下降至2017年的18.41%。低风险的投资管理服务创造的收入占比从2010年的11.92%上升至2017年的18.09%。

摩根大通的交易性金融资产占总营业收入的比例，从2008年的37.25%下降至2017年8.07%。

这四大"蜕变"，降低了四大银行的债务风险和经营风险，增强了流动性和抗风险的能力。这四大银行及美国金融机构，对2020年股灾的抗风险能力，远远高于2007年次贷危机时。这是2020年股灾暂时未诱发金融危机的重要原因。

最后看美国政府的杠杆率。

美联储大规模扩表和美国财政部扩张财政，促使美国政府杠杆率快速上升。2019年美国政府杠杆率从金融危机之前的低于60%，迅速上升到100%以上。

美联储第一轮量化宽松购买了1.25万亿美元的抵押贷款支持证券、3000亿美元的国债。第二轮量化宽松，又购买了6000亿美元的国债。第三轮量化宽松，国债购买量在5000亿美元左右。

截至2020年3月，美联储的资产负债表扩张到了4.5万亿美元左右；美国政府赤字扩大到1.8万亿美元，国债规模扩大到22万亿美元。其中，奥巴马执政8年“贡献”了近10万亿美元国债，特朗普执政3年“贡献”了3万亿美元国债。

可以看出，这两次金融“泡沫”的信用基础发生了变化。2008年美国的金融金字塔底部的信用基石是大规模的住房抵押贷款，包含大规模的次级贷款。如今美国金融的信用基石是大规模的国债。

宏观数据显示，美国金融岌岌可危：美联储扩表、国债膨胀和对冲衍生品（做空）减少，推动美股10年大牛；美国金融增加值占GDP的比例又回到7.3%左右，接近2008年金融危机前的水平；美国宏观杠杆率已经达到金融危机前的水平。

但是，2008年之后，美国杠杆微观结构的调整，使信用基石发生了变化，美国家庭杠杆率和金融杠杆率都大幅度下降，所以，这次股灾并未直接引发经济危机。

◆ 金融监管：沃尔克规则在一定程度上起到了防火墙的作用

2008年金融危机，最严重的问题是家庭部门大规模地参与到高风险的金融衍生品中。信用违约掉期合约违约直接恶化了美国家庭的资产负债表。

奥巴马上台后邀请美联储前主席保罗·沃尔克出山担任美国总统经济复苏顾问委员会主席。2010年1月21日，奥巴马宣布对美国银行业进行重大改革，禁止银行利用联邦政府承保的存款进行高风险的自营业务投资，并且反对金融业内更进一步的合并。

奥巴马趁此良机“消费”了一把沃尔克，他把这项改革命名为“沃尔克法则”。

所谓沃尔克规则，就是要将金融机构的自营业务与商业银行业务分开来，银行想做自营业务，就不能使用客户存款和联邦政府低息贷款。

沃尔克的初衷是想通过一部简单的法律，隔离来自高杠杆、对冲及金融衍生品的风险，最大限度地限制金融巨头从事投机交易。这其实是对格林斯潘废除《格拉斯—斯蒂格尔法》及金融混业过度投机的一种矫正。

时间回到1987年5月1日，那天美联储理事会投票表决，同意批准3家控股银行——花旗集团、信孚银行以及J.P.摩根公司承销特定的债券。这一决定实际上违反了1933年通过的《格拉斯—斯蒂格尔法》。

当时的美联储主席正是沃尔克。他意识到，这一决定意味着金融混业时代开启，商业银行从事投资银行业务将制造巨大的金融风险。于是，沃尔克投了反对票，但无奈里根总统间接控制了美联储理事会的多数票。

一个月后，沃尔克因此辞去了美联储主席职务，格林斯潘取而代之。

所以，沃尔克法则，某种程度上可以说是沃尔克当年离开美联储时对放松金融监管的一种回应。次贷危机再一次证明了沃尔克当年坚决反对放松金融监管是多么的明智。

2010年，“沃尔克规则”被写入美国金融改革法——《多德—弗兰克法》之中。

在参议院就金融监管法案中举行的“沃尔克规则”听证会上，

当有议员质疑他提议加强金融监管的法规是过时之举时，83岁的沃尔克如此回敬对方：

“我在此想明确地告诉你，如果银行机构仍靠纳税人的钱提供保护，继续随意投机的话，危机还是会发生的。我老了，恐怕活不到危机卷土重来的那一天，但我的灵魂会回来缠住你们不放！”

2019年12月9日，沃尔克逝世。

仅3个月后，股灾爆发，“沃尔克规则”发挥作用，美国家庭部门及金融系统并未立即爆发危机。这也算是告慰沃尔克在天之灵。

“沃尔克规则”具体是怎样隔离风险的?

沃尔克规则禁止商业银行拥有或资助对私募基金和对冲基金的投资。在商业银行的风控体系内，如果某一证券组合的“风险价值”很高时，商业银行不但不能继续给予流动性支持，还必须撤回相关信贷。

沃尔克规则的长期实施，可以降低美国商业银行的信贷风险。一旦危机发生，又可立即切割。反过来，投资银行考虑到商业银行在危机时会“抽梯子”，也会更注重风险的控制。

尽管2020年股灾前道琼斯指数比2008年危机爆发前还高近3倍，美国家庭财富92%（比2008年危机爆发前高4个百分点）都配置在金融资产上，但是这次股灾没有立即引发经济危机。重要原因是家庭部门的有效去杠杆以及沃尔克规则隔离了风险。

但是，美国政府大幅度加杠杆以及沃尔克规则，不是将风险都转嫁到了美国政府和金融机构身上吗?

美国股灾爆发后，金融部门资产大幅缩水，商业银行又“见死不救”，投资银行资产负债表迅速恶化。这难道不发生金融危机吗?

这其实是相当危险的。

这就是美联储“All In”的主要原因。

2020年3月3日紧急降息后，美联储在3月16日直接将利率下降到零，同时启动规模达7000亿美元的量化宽松。

很多人不明白，美联储为什么要把“子弹”打光？

股灾爆发后，金融市场立即陷入流动性危机。流动性都去哪里了？

流动性陷阱其实说明市场显灵，银行捂紧钱袋不敢放贷。这种情况下在雷曼时刻也出现过。

但这次一个重要原因是沃尔克规则的硬约束。商业银行不能给予投资银行流动性支持。

这可怎么办？

只能美联储亲自出马。

除了将利息降到零外，美联储用7000亿美元购买国债和抵押证券。这样做的好处是，危机出现后，美联储只需要针对投资银行实施救援，救助的对象更加精准，涉及面更小。

但是，这种做法效果似乎并不明显。银行不能也不敢向深陷危机的投资银行放贷，利率到零也无济于事。股灾爆发后，美联储已经购买了3000多亿美元的国债和抵押证券，市场的流动性依然非常匮乏。

03
真正的魔鬼是什么？

为什么美联储依然还要这么做？

美联储其实是给特朗普敞开借债的大门，零利率和购买国债，可以最大幅度地降低联邦政府融资的成本，以支持其大规模的财政扩张，进而给市场注入足够的流动性。

这一次，很多人的观点与经济学家斯蒂格利茨类似，即货币政策的效果不如财政政策。

2008年金融危机时，市场都渴望美联储救市，美联储利息降到零外加量化宽松，最终“力挽狂澜”。但是，为什么这次人们的期望却发生了变化?

2008年金融危机的“魔鬼”是次贷，是信用违约掉期合约，这次“魔鬼”是新冠疫情，而不是股灾。

美股是“灰犀牛”，疫情则是“黑天鹅”。“黑天鹅”闪袭了“灰犀牛”，并不断地深度冲击实体经济。

所以，美联储此举旨在：

一是救美国政府。

2008年金融危机后，政府杠杆率大幅度提升，风险转移到政府部门身上，股灾爆发后，国债收益率降到历史低位。

如今美国的国债成为金融资产的信用基础（长期也是），是美国这轮资产泡沫金字塔的基石。美国投资银行、投资者都持有大规模的国债或相关金融产品。美联储购买国债，向市场释放流动性，试图阻止资产价格雪崩。

二是让美国政府“曲线救市”，应对疫情对实体经济的冲击。

2020年初，新冠疫情已经“世界大流行”，美国、欧洲还没看到控制疫情的希望。各国竞相关闭边境、停飞国际航班，一些州市开始封锁，降低商业、商务活动，零售业、航空业、旅游业遭遇重创。

在美国22万亿美元的GDP中，有15万亿美元是消费创造的。如果疫情持续在美国蔓延，或者美国因抗击疫情而封城、宵禁，经济灾难将不可避免：

一方面加剧股灾的悲观预期，将投资银行及金融机构逼向破产的边缘，甚至引发金融危机。

另一方面重创实体经济，企业破产和工人失业增加，实体企业及美国家庭的资产负债表趋于恶化，甚至爆发债务危机。

值得注意的是，2008年金融危机后，美国非金融部门的杠杆率快速下降，但如今已超过70%，高于2008年金融危机前的水平。这是疫情冲击下的关键隐患。

2020年3月13日，特朗普已宣布释放500亿美元的联邦紧急资金用于医疗方面；同时提供2000亿美元的流动性以稳定市场，要求国会向小企业管理局增加500亿美元资金。同时，联邦政府将纳税截止日期推迟90天，预计推迟缴纳税款总额达3000亿美元。

2020年3月，财政部长姆努钦将请求国会议员通过8500亿美元甚至更大规模的刺激方案。他还表示，美联储和财政部争取提供“不设限的流动性”。

当然，美联储并非“缴械投降”、束手无策。利率指针比较敏感，多数人都将美联储的行动聚焦于利率调节（价格调节），而忽视其背后的公开市场操作（数量调节）。美联储将利率下调到零，依然还可以使用数量调节的武器。

3月20日，美联储宣布大幅提高与加拿大央行、英国央行、日本央行、欧洲央行、瑞士央行的7天期货币互换频率。此次操作旨在为国内外家庭和企业提供信用支持。

美联储还宣布扩大MMLF（货币市场共同基金流动性工具）担

保品的范围，将市政短期债务（12个月期以内）也纳入其中。这种操作是利用市政债券为投资银行提供贷款做担保。

美联储在2020年3月17日设立商业票据融资机制。此举是为了绕过银行直接向企业放贷，财政部外汇稳定基金为该机制提供100亿美元的信用担保。

为了应对更大的不确定性，美国财政部和美联储甚至考虑为市场提供“不设限的流动性”。

美联储为何能够“直升机撒钱”式救市？

美国国债已达天量，美联储还可以大肆印刷美元，支持美国财政部继续借债，主要是基于美元信用。

股灾爆发后，美联储将利率下调到零，美元指数反而大涨，美元兑英镑、人民币、卢布等多数货币都大幅升值。

美元指数大涨其实是一个危险信号，说明市场避险情绪浓厚，金融资产抛售风险巨大。

但是，对美国来说这并不是最坏的。若美元指数下跌才是最可怕的。这样，美联储就不能继续扩表，提供“无限流动性”救市。美元指数大涨，反而可以支持美联储持续扩张。

为什么美股大跌美元指数反而上涨？为什么国际资金不流向欧元、英镑、日元？

美元的信用基于美国综合国力，而不仅仅是金融或美股。美股暴跌，美国感冒了，但其他国家却是重病。自2020年2月19日美股最高点算起，德国DAX、法国CAC40、俄罗斯RTS和英国富时100的跌幅都超过美股三大股指。美联储将利率下调至零，但是欧洲、日本早已在负利率的泥潭中挣扎。

信用货币的竞争规则是相对实力，而不是绝对实力（金本位是基于黄金储备的绝对实力）。危机爆发后，投资者选择“矮子中的高个儿”避险，那就是美元了。

最后，本节的结论是：

一是通过比较2008年金融危机前与2008年股灾前的美国杠杆率结构变化，我们发现金融与家庭部门的杠杆率下降以及沃尔克规则（金融监管、风险隔离），是2020年股灾暂时未引爆金融危机的重要原因。

二是危机爆发于债务崩盘，而非资产价格坍缩。

债务未崩盘之前，股灾只能算是技术性熊市，经济下滑属于周期性衰退；一旦债务崩盘，股灾则演变为金融危机，经济下滑则演变为经济危机。

债务崩盘源于债务螺旋引发的流动性枯竭。债务，是风险；流动性，是生命。

次贷危机期间，美国房地产价值蒸发了5.5万亿美元，引发了债务螺旋效应：

房地产资产缩水，意味着整体金融资产大幅度缩水（乘数效应）；资产缩水导致银行下调授信额度，降低市场流动性，企业借贷成本上升；企业进而抛售资产以回流资金，但资产抛售又引发资产价格下跌，导致银行授信额度进一步下调……如此恶性循环，实体经济将陷入衰退乃至萧条的境地。

值得一提的是，债务螺旋（“债务—通缩”理论）的提出者欧文·费雪，在1929年大危机之前是当时世界最富有的经济学家。但是，大危机、大萧条使其深陷债务螺旋，最终家庭破产，穷困潦倒。

美联储前主席本·伯南克是大萧条的重要研究者，他在费雪研究的基础上提出金融加速器理论。伯南克认为，在信息不对称等条件下，一家原本资产负债表健康的企业，也可能因遭遇外部突然袭击（“黑天鹅”事件）而倒闭，甚至冲击到宏观经济，引发经济危机或衰退。

这次新冠疫情可能引发的经济危机，将更可能沿着伯南克“金融加速器”的路径爆发。

三是如果经济危机能够避免，那么经济衰退则无法阻挡。

通常认为，一国公共债务/GDP的比例超过90%，真实GDP增长率就会开始下降。目前，美国这一数据已超过100%。

2008年金融危机后，美联储大规模的救市行动将危机分散、推后与转移。此后，美国经济陷入将近10年的低增长——工资增长都超过劳动生产率的增长，负债增长都大大超过税收能力。

这次新冠疫情救市，美联储再次开闸，美国国债定然大幅度扩张，或再次将危机分散、推后与转移。预计资本边际收益率递减规律再次发挥作用，新一轮的周期性衰退是大概率事件。

参考文献

[1] 欧阳辉，刘一楠. 金融危机十周年：美国投资银行发展与转型[EB/OL].（2018-09-30）[2023-01-02]. https：//www.ckgsb.edu.cn/faculty/article/detail/157/4987.html.

[2] 欧文·费雪. 繁荣与萧条[M]. 李彬，译. 北京：商务印书馆，2014.

硅谷银行破产：欧美银行流动性危机为何爆发？

闪崩、接管、破产，硅谷银行走这三步只用了48小时。

然而，危机仍在发酵。尽管美联储、联邦财政部和联邦存款保险联合接管了硅谷银行，为储户存款兜底，但是风险继续外溢。继硅谷银行之后，签名银行被关闭；二者先后创下了美国历史上第二大、第三大银行破产案（以资产规模计）。其中，硅谷银行破产还是2008年金融危机以来美国最大的一宗银行倒闭案。

全球金融股市值三天蒸发4650亿美元，银行股价惨遭“屠杀”。2023年3月13日，作为银行股基准的费城证交所KBW银行指数（BKX）收跌11.7%，创2020年3月以来最大跌幅；SPDR标普地区银行ETF（KRE）收跌超12%；地区银行股岌岌可危，第一共和银行收跌近62%，创上市以来最大单日跌幅；资产值为美国第八大银行的嘉信理财盘中数次熔断、一度深跌23%，创史上最大单日抛售幅度；另外，阿莱恩西部银行跌47.06%，夏威夷银行跌18.35%；大型银行也未能幸免，摩根大通跌超3%后收跌1.8%，美国银行跌8%后收跌近6%，花旗、富国银行均跌超7%。

欧股全线重挫。瑞信欧股盘中超跌15%，瑞信的五年期信用违约互换合约（CDS）跳涨至创纪录高位448个基点，严重打击了欧洲金融市场，德法英三大指数跌幅均超过2%，斯托克银行股跌近6%，创一年多最大跌幅。3月14日，亚太股市集体收跌，日经指数、恒生指数、韩国综合指数均超跌2%。其中，三菱日联金融下跌8.3%，韩国韩亚金融下跌4.7%。

市场避险情绪浓厚。截至2023年3月13日，黄金跳涨2.5%至1900美元，创年内最大日涨幅；两年期美债收益率一度失守4%，3月9日以来连跌三日超100个基点，为1987年股灾以来最深。

美国银行股“突袭”美联储，市场纷纷看衰加息前景。芝加哥商交所的FedWatch工具显示，3月加息50个基点的概率降至零，而前一周这一可能性还高达70%；互换合约更是押注美联储将在年底降息75个基点。

拜登出面称，不保护倒闭银行投资者，不会用纳税人的钱去拯救银行，同时追究责任人的责任，将采取行动防止此类事件再次发生。

全球金融危机将再次爆发吗？美联储何时转向降息？

本节从美联储货币政策的角度解读本轮美国银行挤兑危机成因及其外溢性风险。

01
流动性恐慌

“风口上的猪，在风停时最容易摔死。”

中小银行破产，在美国并不鲜见。硅谷银行在美国属于中等规模的银行，为美国第16大银行，截至2022年底，总资产为2090亿美元，存款超过1750亿美元。

硅谷银行的破产，是美国历史上第二大银行破产案，为2008年9月金融危机以来美国最大的银行倒闭事件。

这场银行挤兑危机属于典型的流动性危机。硅谷银行表面上是因“资不抵债”而破产，其实是在美联储超级宽松—激进紧缩周期中因期限错配而引发的流动性危机。硅谷银行的负债端结构过度单一，资产端过度激进，把大量科技企业的短期存款配置到长期的债券中。

其实，借短放长，并从中赚取利差，是银行的生存之道，硅谷银行做错了什么?

这跟美联储有莫大的关系。

2020年新冠疫情全球大流行，美联储开启无上限量化宽松，市场流动性顿时泛滥，硅谷科技企业获得大规模的融资，科技泡沫迅速膨胀。

数据显示，2020年、2021年美国IPO数量分别达到480家、1035家，融资规模分别达到2000亿美元、3500亿美元左右。同时，纳斯达克指数从2020年4月股灾中的7288点持续上涨到2021年11月的16212点。

硅谷科技企业在短时间内获得巨额融资，并把大量现金存入硅谷银行——超过一半的硅谷科创企业与硅谷银行有业务往来。于是，硅谷银行的活期存款在短期内大增。从2020年6月到2021年12月的一年半期间，硅谷银行存款由760亿美元上升到超过1900亿美元。

一下子涌来这么多美元，那么硅谷银行该把资金投向何处？原本，硅谷银行的主营业务是向科技企业提供贷款和创投资金。不过，科创企业一时间资金富余，贷款需求下降，创投一时间也吸纳不了资金。于是，硅谷银行面临一个所有人都嫉妒的难题：钱太多了，怎么办？

硅谷银行的首席执行官约瑟夫，正是之前雷曼兄弟固定收益部的CFO，他在硅谷银行犯了一个同在雷曼兄弟时一样的错误，将大量无息、低息的负债买入大量固定收益债券——将66.8%的新增存款配置在住房抵押债券和国债上。从2020年一季度至2022年一季度，硅谷银行持有的住房抵押债券（MBS）总额从199.96亿美元升至998.12亿美元，国债总额从39.62亿美元升至165.44亿美元。

通常，国债和住房抵押债券比较安全，但收益率比较低。而提高收益率的办法，就是拉长债券期限。所以，硅谷银行购买的住房抵押债券和国债多数是持有至到期（HTM）资产。从2020年到2022年，硅谷银行持有至到期（HTM）资产占比从14%增加到43%。在持有至到期（HTM）资产中，期限超过10年的占比超过90%。

源源不断地涌入大量廉价存款，而且超过60%是无息存款，硅谷银行将其配置到偿还期限长的利率较高的安全资产上，并从中赚取利差。这就是典型的借短放长赚利差。

这一操作在大放水时期，让硅谷银行赚得钵满盆满，股价节节攀升。从2020年3月到2021年11月，硅谷银行从127的低点迅速上升到763的高点，跑赢全美大多数银行，包括大型银行。

然而，风口上的猪，在风停时最容易摔死。

美联储的超级量化宽松政策最终引发了历史级别的大通胀。

2022年3月美联储被迫实施紧缩政策，并开启了近40年最激进的加息行动。

2022年，美联储持续激进加息导致流动性日益紧张，几乎通杀所有资产，股票、债券、非美元货币、房地产等资产价格纷纷大跌，美元和大宗商品成为为数不多的避险品种。

在这轮激进紧缩周期中，硅谷银行的期限错配风险迅速扩张。硅谷银行把过多短期存款配置在期限超过10年的债券中，而且没有采取对冲措施，资产端和负债端均遭受致命的冲击。

负债端危机。流动性紧缩刺破了之前吹起的科技泡沫，对利率敏感的科技产业率先进入衰退周期，科技企业遭受戴维斯双杀[①]。数据显示，2022年美国IPO数量只有181家，同比下降854家，融资规模只有400亿美元左右，同比下降3100亿美元。到2023年美国IPO数量只有27家，其中科技企业只有1家。纳斯达克指数从2021年11月的16212点下降到当前的11188点。

流动性紧缩和业绩杀双管齐下，硅谷科技企业一边大规模裁员，一边大量赎回无息存款。由于硅谷银行的储蓄客户结构单一，大部分为科技企业，科技产业寒冬对硅谷银行的冲击要远远大于其他银行，存款在短期内大规模流失。

硅谷银行的存款在美联储开始加息的2022年3月触顶后开始下滑，全年存款总额下降了160亿美元，占存款总额的10%左右。其中，活期无息存款从1260亿美元骤降至810亿美元。

---

① 戴维斯双杀：是指有关市场预期与上市公司股价波动之间的倍数效应，当处于牛市，企业的市盈率估值很高，一旦企业业绩下滑，会拉低市盈率，又由于企业业绩下滑导致股票收益下滑，最终导致企业市值遭遇双杀，股价大跌。

资产端危机。美联储加息导致债券价格大跌，硅谷银行持有的大规模债券大幅浮亏，其中，以国债为主的AFS亏约25亿美元，以住房抵押债券为主的HTM亏约150亿美元。

“不卖就不算亏”，不计入损益表。硅谷银行持有的大量的持有至到期的债券，不会因为市场价格变动而重新估价，还是按购入价格核算。这一定程度上对市场隐藏了风险。但是，如果债券抛售就会表现在会计上。

然而，随着科技企业大量支取存款，硅谷银行不得不亏本甩卖债券以回收更多的流动性。3月9日，硅谷银行宣布，出售其所有210亿美元的可销售证券，因此遭受了18亿美元的亏损，并寻求通过出售普通股和优先股募资22.5亿美元。这笔资产超过了其总资产的10%，而且亏损面积达到8%。这就等于将硅谷银行流动性危机曝光于天下。于是，东窗事发，当天股价暴跌60%，储户疯狂挤兑超400亿美元，硅谷银行立即破产。

这一次美国监管部门行动非常迅速。3月13日，赶在亚洲市场开盘之前，美国财政部、美联储、联邦存款保险公司联合宣布对硅谷银行倒闭事件采取行动。从3月13日开始，储户可以支取他们所有的资金。

另外，美联储还公布了一项新的银行定期融资计划（BTFP），通过高质量证券抵押贴现的方式向银行的准备金账户注入流动性。财政部还将从外汇稳定基金中划拨250亿美元资金支持上述融资计划。“资产的抵押价值将以面值计算”，说明美联储承认持有至到期（HTM）资产未缩水，以给银行注入更多的流动性和信用。

但是，这一联合行动未能遏止恐慌情绪蔓延，全球银行股遭抛售。这是为什么？

02
最后贷款人

“厨房里可能不止一只蟑螂”。

硅谷银行的破产有其特殊性。硅谷银行是一家有产业特色的地区银行，主要服务于硅谷科技企业。在这轮紧缩周期中，与服务业、制造业相比，科技产业最先进入寒冬，硅谷科技大量支取存款，直接冲击了负债端；同时，过去认为比较安全的资产国债和住房抵押债券价格大跌，导致其持有的资产大幅缩水。

但是，硅谷破产中存在的普遍性风险才是引发金融市场恐慌的主要原因。普遍性风险来自哪里?

在美联储持续紧缩政策之下，流动性趋于枯竭，整个银行业的负债端和资产端都面临巨大压力。

数据显示，截至2023年2月，即硅谷银行危机爆发之前的12个月里，美国商业银行的存量已经下降了2.5%。美国储户正以至少是自20世纪70年代以来最快的速度从银行系统提取资金。上一次出现这种局面是20世纪90年代初，而当时的存款降幅也只有0.6%。所以，不论是科技企业，还是一般储户，都面临现金不足的问题，都在支取存款，全美银行负债端全面承压。

资产端，银行业面临资产价格缩水的问题。美联储激进紧缩货币几乎通杀了所有资产，银行持有的债券、股票、房地产以及其他金融资产整体价值均下降，甚至银行贷款资产也在缩水。2022年英国养老金爆发危机，是债券价格下跌所致；瑞信银行爆发危机是其所持有的股票和债券价格下跌所致；2023年黑石违约是其持有的房地产价格下跌且难以变现所致。

硅谷银行东窗事发后，市场高度关注银行持有的债券规模。联邦存款保险公司主席马丁·格鲁恩伯格此前透露，截至2022年四季度，包含可供出售证券（AFS securities）与持有至到期证券（HTM securities）在内，美国商业银行的未确认损失（Unrealized Losses）为6200亿美元，低于前一季度的6950亿美元，其中可供出售证券（AFS securities）的未确认损失为3000亿美元。未确认损失是一种潜藏的风险，一旦如硅谷银行一样亏损抛售，真相即大白于天下。

如今，市场以硅谷银行作为参照标准，资产端看持有至到期资产规模，负债端看活期存款比例。从数据来看，这两个指标硅谷银行都远高于同行。一般来说，大行持有至到期证券比例会高一些，道富银行、美国银行的持有至到期资产的比例均超过20%，富国银行超过15%。但是，大银行的负债端比较健康，活期存款比例低，大客户稳定的定期存款保障了其现金流。

这两项指标靠近硅谷银行的主要是地区银行，如第一共和银行。

如今，这家美国西海岸富人们最爱的银行之一也岌岌可危，股价一周跌去80%。第一共和银行2022年底的存款达到1764亿美元，与硅谷银行相当，其高管声称还有未使用的流动性资金超过700亿美元，且可以通过美联储宣布的“银行定期融资计划”补充流动性。但是，市场担忧其持有的资产“暴雷”。

第一共和银行年报显示，截至2022年12月31日，其“房地产抵押贷款”的公允市场价值为1175亿美元，比其1368亿美元的账面价值低193亿美元，这一缩水规模超过其174亿美元的总股本。这意味着该银行的坏账率在快速上升。该银行的贷款大部分是房地产贷款，房地产投资对利率上升非常敏感，2022年美国30年期个人住房抵押贷款利率一度超过7%，这无疑大大增加了违约率。

如今，拜登将地区银行破产的责任推给特朗普，指责后者在执政期间放松了对银行的监管。实际上，从监管或盈利两个标准来看，硅谷银行和第一共和银行都被评为是“优等生”。2022年，第一共和银行利息收入57亿美元，同比上升了13亿美元，营业利润21亿美元。

截至2022年12月31日，计入出售资产的冲击以后，硅谷银行一级资本充足率为13.9%，高居全美银行业第三，比最低监管要求高出5.4%，总资本充足率为14.7%，比最低监管要求高出4.2%。

讽刺的是，就在破产前的3月7号，硅谷银行还连续5年被福布斯评为美国最佳银行。从最佳银行沦为破产银行，问题出在哪？

答案是流动性危机。只要美联储继续加息，没有一家银行是安全的。

监管标准只是一个经验标准，银行是高杠杆行业，只要不是全额准备金制，任何监管标准都不能构成安全边界。当然，这并不是否定监管标准。2008年金融危机后，巴塞尔银行监管委员会宣布《巴塞尔协议Ⅲ》，提高了资本充足率，以降低流动性风险。如今，全美的银行资产负债表要比金融危机时期好得多，抗风险能力更强。小型银行贷存比约83%，大型银行贷存比60%，均低于疫情前的水平。

但是，我们不要忘记了银行是高杠杆行业，流动性是银行的动力之源，银行的最大危机不是偿付性危机，而是流动性危机。

当然，这也不是否定美联储的紧缩政策。大通胀之下，美联储不得不激进加息。问题是大通胀是怎么爆发的？不加息“死”，加息也“死”，为何陷入两难？

从根本上来说，始作俑者正是作为“最后贷款人”的美联储。从这轮银行危机可以看出，美联储在超级宽松—激进紧缩周期中严重扭曲了市场价格、破坏了市场预期，一来一去亲手制造了大通胀和银行挤兑两大危机。

在大放水时期，利率价格和企业预期被扭曲。在超级宽松时期，规模是第一位的。企业不得不扩张资产负债表，银行和科技企业都在扩张，不扩张就会被淘汰。科创企业趁此机会融资、上市，银行也在这个时候扩张资产负债表。

硅谷银行是一家“小而美”的银行，吸纳科技企业的存款，给科技企业放贷款、做创投。在破产之际，硅谷银行的贷款资产依然优质，贷款总额为743亿美元，其中70%是较低信用风险的贷款，高风险贷款的天使轮投资者支持贷款仅占整个贷款的3%，远远低于2009年的11%。

但是，2020年超级宽松周期，科技企业获得大规模融资，大量资金突然涌入硅谷银行，而且多数是零利息存款。美联储扭曲了利率，误导了银行。这么多免费资金，不花白不花，买个稳妥的国债赚利差。如果你不抓住机会扩张规模，就会被同行甩开。于是，硅谷银行大量采购期限长、利率高的债券。

这种情况具有普遍性。2019年第四季度至2022年第四季度期间，美国银行业存款增加了超过5万亿美元。但是，只有14%用于贷款，大部分都用于采购国债等资产。在本轮加息之前，美国商业银行持有的国债规模达到4.6万亿，较2020年初增加了53%。所以，在超级宽松周期中，银行负债端被动扩张，资产端主动扩张。当进入激进紧缩周期时，负债端外流，资产端缩水，陷入流动性紧张。

2022年快速上升的利率和不断减少的流动性刺破了货币泡沫。其中，科技企业泡沫崩溃击穿了硅谷银行的负债端，债券泡沫崩溃击穿了硅谷银行的资产端。本质上，这轮银行挤兑危机是美联储激进加息刺破之前超级宽松缔造的泡沫的结果。

2020年以来，美联储实施了超级宽松—激进紧缩的极限操作，就像一个新手司机先油门到底、后刹车踩死，那么乘客怎么办？整个华尔街都知道“不能跟美联储作对”的信条，那么银行的生存与竞争策略就是“不做雷曼”。货币宽松时一定要抓住机会扩张资产负债表，但一定不要在货币紧缩时第一个暴雷。当下一个“雷曼”暴雷时，整个银行业都得救了，美联储又将开启新一轮超级宽松。

谁是下一个“雷曼”？

03
市场反身性

“不要和美联储作对。”

如今，压力来到美联储这一边。左手通货膨胀，右手金融风险，美联储加息还是不加息，救还是不救？

东窗事发后，整个市场都在骂美联储。存款人、投资人骂美联储加息祸害市场，纳税人骂美联储又来拯救银行家。监管机构说明“只救储户，不救银行及股东、债权人”，尽力避免“大而不倒”的道德风险，防止“占领华尔街”再起。拜登发表了一席政治正确的废话，声称惩罚责任人。而危机的制造者不正是拜登政府和美联储吗？

然而，当前美联储又成为了唯一可能避免金融危机的“救星”。这就是当今这个时代最大的讽刺。

这次美联储、联邦财政部和联邦存款保险机构行动非常迅速，为什么美联储直接快速兜底？

首先，联邦存款保险机构兜不住。硅谷银行大部分是企业客户，97%的储户不在联邦存款保险承保范围之内（25万美元）。在这轮紧缩周期中，家庭部门因获得联邦政府的亿万“红包”，资产负债表要比企业更加稳健，企业相对流动性更差，挤兑存款的可能性更大。所以，风险比较高的银行，其储户受联邦存款保险承保的比例更低。

美联储直接参与的重要原因是避免货币政策陷入被动。如果在通胀率还在6%左右时爆发银行挤兑危机或更大规模的金融危机，那么美联储将陷入“两难”：继续加息则放任危机蔓延，转而降息通胀形势难料，经济可能陷入滞胀局面。

2023年3月12日，美国创业孵化器Y Combinator公司CEO组织600多家企业向美国国会请愿挽救硅谷银行，他在声明中指出此次危机将影响10000多家初创企业，导致10万人以上的裁员。

2月非农数据显示，失业率“意外”上升0.2个百分点至3.6%。这依然是一个很低的水平，然而科技产业正在裁员。如果硅谷银行破产清算，硅谷一半以上的科技企业可能受到影响，裁员还将加速，科技产业从寒冬进入严冬。

如今，美联储实施“银行定期融资计划”，给类似但符合条件的银行注入流动性；同时，声称与硅谷银行破产有关的任何损失都不会由纳税人承担。如果能够遏止危机蔓延，引入收购对象是最佳方案。毕竟硅谷银行的危机只是流动性风险。汇丰已宣布以1英镑价格收购硅谷银行英国子公司。

美联储实施“银行定期融资计划”，这是不是宽松的信号？是不是意味着距离降息不远了？

这就是“另类扭曲操作”。美联储一边加息、量化紧缩来抗击通胀，另一边通过结构性货币工具给特定的行业、机构输送流动性。

扭曲操作是权宜之计。美联储不希望爆发危机，如果非得爆发，也希望将危机延后，拖延到下半年，延迟到通胀回落到4%以下之际。届时，美联储可以放开手脚救市。

接下来美国会爆发金融危机吗？

笔者认为，2023年美国通胀将持续回落，3~4月下一个台阶，6月后降到4%以下；上半年，金融市场动荡，股债遭受紧缩交易和衰退交易的反复冲击；下半年，经济衰退取代通胀成为主要威胁，美联储无法将终端维持一整年，不得不在四季度降息，金融市场将反弹。

很多人判断市场走势按线性外推，忽视最重要的市场博弈。但按照市场的反身性来判断宏观经济和金融市场的走势，尤其应重视投资者与美联储之间的相互博弈对市场走势的影响。

2022年底，投资者对通胀降温形势过度乐观，主动输出流动性，股票、债券价格上涨，服务业强劲，结果通胀降温暂缓，核心服务通胀黏性大，时薪反弹，非农新增就业强劲，经济预期“不着陆”。这就是市场的合成谬误。

2023年1月，当弱于预期通胀报告发布后，美联储放鹰“喊打喊杀”（预期管理），金融市场风声鹤唳，纷纷收缩流动性，股债价格下跌，对通胀和美联储加息形势重新定价，结果非农有所缓和，失业率有所上升，时薪环比增速放缓，通胀似乎又有加速趋势，经济预期从“不着陆”转向“软着陆”，预期美联储将继续大码加息。结合起来，这就是市场的反身性。

就在所有投资者都感到悲观时，硅谷银行挤兑危机爆发了。这场危机无疑将加速流动性枯竭，放大经济衰退的风险，衰退交易重返市场，避险情绪浓厚，股票大跌，债券、黄金等避险品种上涨，经济预期从“软着陆”进一步下滑到“硬着陆”。

这时，市场的反身性继续起作用。危机爆发后，美联储火速救市，市场预期美联储3月份加息还是维持25个基点，同时认为年底将降息。接下来，市场看2月份通胀报告和美联储的行动。如果通胀加速回落，美联储释放暖意，那么市场流动性又会增加。

按照市场的反身性推测，2023年通胀回落和经济衰退将在反复折腾中进行。

如今美国经济也存在结构性问题。就业指标、通胀指标和服务业指标显示经济强劲，美联储和联邦政府都重视就业指标，美联储拿就业指标来坚定抗击通胀的决心（预期管理）。但是，就业市场被新冠疫情和货币政策给扭曲了，用就业指标来判断美国宏观经济是不准确的、滞后的和危险的。

金融、房地产、科技、制造业四大产业的指标显示，美国经济正在加速衰退。债券利率倒挂到2023年7月满一周年，房地产价格同比下跌、季度销售同比跌至2008年以来最低，科技投资萎缩、大裁员，制造业PMI连续低于48。接下来，关注服务业、就业市场和消费市场，以进一步确认经济衰退。

至于是否爆发金融危机，很大程度上取决于美联储的操作。美联储在2023年2月议息会议上声明坚持年内不降息，并且反复强调终端利率比预期更高、维持时间更长。可以很肯定地说，如果美联储将5%以上的联邦基金利率维持一整年，那么银行挤兑危机肯定爆发，甚至爆发金融危机。长期高利率导致流动性枯竭，股票、债券、房地产等资产价格继续大跌，金融机构的资产端将大幅度缩水，同时负债端被挤兑。

如今的情况类似于2018年下半年，加息接近尾声，流动性紧张，金融市场摇摇欲坠。当时，隔夜拆借利率飙升，美联储紧急输送流动性，2019年开始降息。不同的是，现在的联邦基金利率和通胀率都更高。

如今的美联储不得不在通胀、就业与金融风险之间保持艰难平衡。

起伏：风险与化解

枪炮与病菌，是人类历史上抹不去的两朵“乌云”。

当今的战争，已经进入了“超限战”，即超越战争界限，在金融、科技、网络舆论、文化信仰、政治制度等方面全方位较量。而新冠疫情危机，同样展现出全球化与系统化的特征，共同指向当下全球治理的严峻性。

当全球化退潮，反噬力显现，病菌抑或枪炮的蔓延，交织其中，加剧当下能源、金融、粮食等方面的重重危机。

世界的不确定性裹挟着个体，人便开始追问历史，想要寻求更强的力量庇佑自身。

然而，人类正是在不确定性中存续下来的。无论是新冠疫情突袭，还是地缘政治危机突发，我们仍然要回到确定性之中，从技术、市场、人文主义、科学治理中寻求确定性，寻找属于自己的勇气。

新冠疫情如何影响全球货币政策?

2020年3月，新冠疫情在已扩散到全球六大洲（除南极洲外）70余国。

当时，韩国、日本、伊朗、意大利是重灾区。截至2020年3月5日，韩国病例破5000，三军被感染；伊朗死亡率高，多名高官中招；欧洲呈明显的扩散之势，德国新增病例加速。

疫情向全球加速蔓延，打击了全球产业链，血洗全球金融市场。

2020年2月24日至2月28日一周全球金融资产暴跌，道琼斯指数、标普500、纳斯达克、德国DAX、英国富时100指数跌幅均超过10%。

时间回到2020年2月28日，美联储主席鲍威尔摘录了当年格林斯潘回应“黑色星期一”时的剧本，用这种东施效颦的方式向市场灌迷魂汤：“美国经济的基本面仍然强劲。然而，冠状病毒对经济活动构成了不断演变的风险。”

3月2日上午，日本央行行长黑田东彦发布紧急声明，“通过市场运作和资产购买操作来提供足够的流动性”，当日已通过国债回购的方式向金融市场注入5000亿日元。

紧接着，澳大利亚联储认为疫情对澳经济增长有“重大影响”，宣布将3月现金利率下调25个基点至0.50%（创新低纪录）。

3月3日凌晨2点，特朗普用推特向美联储施压：澳大利亚已降息，美联储应大幅度降息，“杰罗姆·鲍威尔领导的美联储从第一天起就说这是错的”。

天亮，美联储宣布紧急降息50个基点，联邦基金利率降至1%~1.25%。事实上，市场恐慌情绪经过一周的消化，美股这天高开，但突如其来的降息消息让市场措手不及。

受此刺激，盘中快速拉升，但15分钟后，三大股指却急转直下，全部收跌接近3%。同时，美国国债收益率跌破1%，再度创下历史纪录。

疫情全球大流行，只待“官宣”；全球央行纷纷“放水”救市，金融市场不知所措。

本次新冠疫情，是否可能刺破累积10余年之久的全球货币泡沫？

本节从货币制度的角度，探讨本次疫情之下的全球货币政策及金融风险。

01
全球央行放水抗疫？

这次疫情深度冲击全球产业链，从中国到日韩，再到欧盟、美国，全球供应系统存在硬脱钩的风险。

全球供应链紧密相连，原料、配件、工人、供应、机械加工、消费市场，缺少任何一个环节都跑不起来。

经合组织2020年3月2日发布报告称考虑到疫情冲击，将2020年全球经济增速预期从2.9%下调至2.4%。将美国2020年经济增速预期从2.0%下调至1.9%，欧元区经济增速从1.1%下调至0.8%，日本增速从0.6%下调至0.2%，英国增速从1.0%下调至0.8%，将二十国集团（G20）国家经济增速预期从3.2%下调至2.7%。

全球经济并未完全复苏，又遭疫情打击，美联储救市心切、行动迅速。

2020年2月以来，市场认为美联储下调50个基点的概率是100%，但令人意外的是，美联储的行动如此迅速。美联储没有耐心等到3月17日议息会议，就提前两周降息。

美联储紧急降息50个基点，这是自2008年金融危机最剧烈时期以来首次采取的类似行动。

美联储的行动是全球央行的风向标，几乎决定了金融周期。本币与美元挂钩的经济体必然跟随降息。比如，港币与美元挂钩，每次美联储降息或加息，香港金管局都会同步跟进。

3月5日上午，香港金管局已宣布将基本利率下调50个基点至1.5%。几乎同时，澳门金管局也宣布下调贴现窗基本利率50个基点至1.50%。

沙特、阿联酋、约旦央行已经跟进。沙特央行宣布，将回购利率及逆回购利率均下调50个基点；阿联酋央行和约旦央行均宣布降息50个基点。

加拿大央行将在3月决议降息，至二季度末累计降息75个基点。

英国央行的降息空间只有75个基点，预计在3月底的议息会上将下调25个基点。

美联储降息给他国货币造成升值压力，降低其商品出口竞争力，他国也会跟进降息。事实上，很多国家已经迫不及待降息。

在美联储行动之前，澳大利亚和马来西亚央行就已率先降息，日本央行向市场注入流动性。欧洲央行行长拉加德称："我们随时准备采取适当的针对性措施，这些措施将是必要的并与潜在风险相称。"[①]

G7财政部长宣称，准备采取行动，包括酌情采取财政措施，以帮助应对这一疫情并在此阶段支持经济。

高盛预计加拿大央行近期将共计降息100个基点。英国、澳大利亚、新西兰、挪威、印度和韩国将降息50个基点，欧洲央行和瑞士央行降息10个基点。

再看中国，中国早在2月就下调了LPR利率。同时，央行设立了3000亿元疫情防控专项再贷款，还有1000亿元新增支农再贷款、3000亿元支小再贷款。

中国央行跟进降息的可能性很大。2020年3月4日盘中，受美联储降息影响，在岸人民币对美元汇率一度涨超500点，收复6.92元关口。

当然，中国的大手笔体现在传统的基建项目上。山东、江苏、安徽、河南、贵州按下基建投资"快进键"，涉及投资规模几十万亿元（已公开24万亿元），试图快速追回疫情造成的经济损失。

问题是降息与强刺激的效果如何？

美联储突然降息，其实加剧了市场的恐慌，吓坏了投资者。

---

① 2020年3月3日，欧洲央行网站声明。

其实，现在全球金融市场都知道自己“生病”了。华尔街大佬对美联储的钱甘之若饴，但又极为担心。

美联储印发再多钱，都很难流入实体经济，只会短暂地助长愈演愈烈的金融泡沫。而这次疫情对实体经济的冲击非常明显，对全球产业链的冲击正在蔓延。

发放再多的资金也难以修复全球供应链，只能缓解信贷压力，支持企业的现金流。问题是多数资金流向金融、房地产市场及特殊群体，而非实体企业。

但其实，美联储、日本及欧洲央行也陷入了两难，他们手上的“子弹”并不多。

这次降息后，美联储的降息空间只剩1.25个基点，大概有5次降息的机会，再往下降就是负利率了。鲍威尔一直比较谨慎，每次只降25个基点，这次一口气使用了两次降息机会。

欧洲央行和日本央行已经没有降息空间，正在零利率徘徊，甚至滑入负利率区间。

美联储已陷入左右为难的尴尬境地：金融通胀或实体通缩。

降息，可能继续加剧金融资产泡沫，推高美债风险；加息，或不作为，可能导致经济下滑，金融资产价格崩盘。

全球央行的救市行动不但无济于事，而且会加剧危机。因为自2008年金融危机以来，全球央行撒了太多钱。

从2008年到2018年，美国基础货币增加了6.2万亿美元，累计增幅为76%。

中国M2在2008年为47万亿元，到2018年为182万亿元，翻了近4倍。2022年M2突破200万亿元。

但是，2008年金融危机后10年，不论是美国还是中国，都没有爆发大规模的通胀。很多人心存侥幸，认为休谟、弗里德曼等主张的货币中性失灵。现代货币理论大行其道，鼓吹财政赤字货币化。

其实，这个问题，与休谟同期的经济学家、金融家理查德·坎蒂隆早就说清楚了。

坎蒂隆在其唯一的著作《商业性质概论》中提出货币流通的非均衡性：

货币增量并不会同一时间反映在所有的价格上，货币量增加会导致不同商品和要素价格涨幅程度不一致。货币增加对经济的影响，取决于货币注入的方式、渠道以及谁是新增货币的持有者。

这个理论被后人称为“坎蒂隆效应”。

我们看过去10年，中国100多万亿元广义货币流向了哪里？

从消费价格来看，2008—2018年，居民消费价格指数（CPI）大部分时间都维持在103以下，CPI月度增速大部分时间都不超过3%。

这40年间，GDP和居民可支配收入增速均落后于广义货币增速。从各类资产价格来看，绝大部分的工业品、大宗商品、债券、银行理财产品等都跑输了广义货币的增速。

那么，什么跑赢了货币增速？

房价及大型房地产商的营业收入。

房子，是中国货币的蓄水池。2008—2018年，全国70个大中城市房价都较大幅度上涨，一线城市的增速，与货币增速持平，有些城市及核心地段甚至跑赢货币。

2008年，上海住房成交均价为1.8万元/平方米，北京为1.7万元/平方米，深圳为1.2万元/平方米，广州为0.9万元/平方米。

到2018年，上海为5万元/平方米，涨幅接近2倍；北京为6万元/平方米，涨幅为2.5倍；深圳为5.4万元/平方米，涨幅为3.5倍；广州为3.3万元/平方米，涨幅为2.7倍。

从2008年到2017年，国内房地产投资从2.53万亿元升至11万亿元，涨幅超过3倍，累计总投资高达74万亿元。仅2017年的投资额就相当于加拿大当年的GDP总额。

再看大型房地产商，问题就更加明朗了。

以恒大为例。2006年到2018年，恒大销售额由17亿元增长到5800亿元，增长了340倍。从2006年到2016年，恒大现金余额由20亿元增长到3043亿元，增长了151倍；总资产由78亿元增长到1万亿元，增长超过120倍。

除了房地产及大型地产商外，央企资产的增加也是惊人的。从2003年到2016年，央企数量减少了90家，资产规模却扩大了近7倍。

再看美国。

最近10年，美国通胀率都控制在4%以内，大部分时间都徘徊在2%。可见，美国虽然超发了6.2万亿美元基础货币，但并未发生通货膨胀。那么，钱是否也流向了房地产业？

从2008年到2018年，美国房地产价格指数从152涨到205，累计涨幅达35%。这一涨幅并未跑赢基础货币的增速。

我们看看美国的股票和国债。

从2008年到2018年，美国纳斯达克指数从1782点涨到6329点，累计涨幅高达255%；道琼斯指数从2009年的6000多点涨到此轮暴跌之前的近3万点，涨幅均远远高于同期货币增速；国债规模从10万亿美元涨到22万亿美元，累计涨幅达120%，超过基础货币增速。

很明显，最近10年，美国的货币大量流向股票、国债市场，制造了大量的金融泡沫，美债规模达22万亿美元之巨，而同期美国GDP增速却保持低迷。

美联储释放多少货币，取决于疫情在全球的蔓延程度。

如果疫情世界大流行，美联储定然释放更多的货币，货币若继续流向房地产业与金融业，资产泡沫则更大；若流向商品市场，定然引发通货膨胀。

如果疫情很快得到控制，下一次衰退与危机到来时，美联储定然会重启宽松政策。

但是，不论美联储释放多少货币，危机都不可避免。

02 危机为何不可避免?

美国的股票涨到多少，泡沫才会破裂?

这个问题其实不重要。

“危机不可避免”的判断，并非源自金融资产的价格，甚至不是货币政策，而是源于他国央行很难保持其自身独立性。

世界上最早的央行英格兰银行，是由苏格兰人威廉·彼得森于1694年创立的。这家英国皇家特许的央行最初是私人性质，成立的目的是为政府筹措战争经费。

1844年，英国皮尔首相推行了新银行法《皮尔条例》，削弱了私人银行发币权，控制了私人银行发币额度，确立了英格兰银行的央行地位以及英格兰银行券的法偿货币地位。

1946年，英格兰银行由工党政府收归国有，成为国家央行的标准模板，扮演“最后贷款人”的角色，是“发行的银行、银行的银行、政府的银行”。

美联储的成立时间要晚于欧洲国家的央行。1907年美国爆发金融危机，大量银行倒闭，美国人逐渐意识到央行的重要性。

美国参议员奥尔德里奇花了两年时间完成《奥尔德里奇计划》，提出应该建立一个中央银行性质的组织。

为了防止联邦政府操控央行，这个计划将央行界定为私人银行，但遭到美国民众的反对。他们担心，美国少数银行机构可能会控制央行谋取利益。

1912年，威尔逊当选美国总统。次年，在他的支持下，国会通过了以《奥尔德里奇计划》为蓝本撰写的《联邦储备法案》。美联储就此成立。

美联储，是权力博弈的结果。它的性质变得模糊，它既是一个公共部门，又是一个私营组织。

美联储成立的初衷就是避免联储银行倒闭，它的股东是美国各大联储银行，美联储是联储银行的“最后贷款人”。

但是，美联储又是一个公共部门，其权力机构联储委员会是一个独立机构，其决策不受联邦政府、国会以及联储股东控制。

更重要的是，货币是公共契约，美元是法定货币，美联储的决策必须为每一位美国公民负责。

当危机发生时，美联储就会陷入矛盾之中。出手救市，尤其是拯救联储银行、金融市场，是其作为“最后贷款人”的使命。但是，如此相当于伤害了美国公民的利益。

这次美联储突然降息，有人质疑美联储丧失独立性，顶不住特朗普的压力，毫不掩饰地拯救金融市场。

那么，美联储怎么做才是正确的？

换言之，央行什么情况下才能降息或加息？其货币政策的目标是什么？决策参考是什么？

这些问题涉及货币本质。

货币的本质是解决交易流动性的公共契约。

货币不能服务于任何组织及个人，应该服务于公众；也不能服务于任何宏观经济目标或私人目标，应该服务于货币本身。

德国弗莱堡学派创始人瓦尔特·欧根早在1940年就提出了货币政策优先原则。

他认为，货币政策优先原则是根本性的原则，是整个经济政策体系的核心。货币政策的目标永远高于一切宏观经济目标，当央行的这一政策目标与其他经济政策目标发生冲突时，必须坚定不移地把货币政策目标放在首位。

那么，货币政策的目标是什么？

欧根认为，央行必须把稳定货币作为其货币政策的首要目标。

币值稳定，是货币的灵魂。

这其实很容易理解，货币的使命是提供稳定的交易媒介，降低交易费用。换言之，货币是经济系统的价格与交易的参照物，如果参考物移动，整个系统就乱了。

欧根说："不是经济为货币做出牺牲，恰恰相反，币值的某种稳定，才能为经济过程提供一个实用的调节手段"，"坚定不移地把稳定货币放在首位，这样做事实上是对其他政策目标的最大支持，也是对经济发展的最大贡献”。

货币主义创始人弗里德曼在《美国货币史》一书中，使用了接近100年的历史数据说明了一个道理：但凡币值稳定，宏观经济都稳定；但凡币值不稳，宏观经济则地动山摇。

所以，从货币本质出发，央行的货币政策只能为公众服务，只能服从于货币本身，即维持币值稳定。

事实上，欧根和弗里德曼的理论都得到了验证。二战后，西德政治家艾哈德利用欧根的理论成功实施货币改革，并开创了持续几十年的低通胀、低泡沫、高增长的局面。

1979年，保罗·沃尔克执掌美联储后，使用了弗里德曼的理论成功地控制了肆虐多年的通胀。这时，欧美世界的央行才逐渐将货币政策的目标回归到币值稳定上。

20世纪八九十年代，在弗里德曼、蒙代尔等经济学家的推动下，欧美世界的央行纷纷将通胀率（币值稳定）作为货币政策的唯一目标。

不过，1987年，沃尔克在与里根的斗争中败北，格林斯潘开始掌控美联储。他连续掌管美联储18年，任期横跨六届总统，曾经一次次力挽狂澜，被誉为“经济沙皇”。

格林斯潘虽然天赋绝伦、绝顶聪明，但过度迷恋于手中的权力。在著名的“黑色星期一”后，他开始追求自由裁量权，故意模糊政策目标，痴迷于与市场博弈。

1994年11月，格林斯潘突然上调利率后，弗里德曼如此批评：“格林斯潘难以压制自己要精准调节经济的欲望。”

这导致美联储在目标机制上落后于全球主要央行近20年。由于政策目标的模糊，格林斯潘利用其强大的驾驭术与市场做交易，长期在通货膨胀、金融稳定、政府赤字之间来回平衡。

这样缺乏标准和原则的结果是，主导了一系列的“不对称政策”：每一次降息幅度都要大于加息幅度，如此利率呈波浪式下行。

1982年降息开始算起，几乎每一次降息幅度都比加息幅度更大；

1982年宽松周期降14个基点，1987年紧缩周期只加3个基点；

1990年宽松周期降6个基点，1994年紧缩周期只加2个多基点；

2000年宽松周期降4个基点；2005年紧缩周期加将近4个基点；

2008年宽松周期降5个基点；2015年紧缩周期只加2.5个基点；

2019年8月开启降息闸门，如今美联储的降息空间只有1.25个基点。

这样，美联储的货币政策相当于进入了一个死胡同。

如此操作的原因，表面上是政治压力与人性驱使，根本上是受边际收益递减规律支配。

格林斯潘之后，伯南克与耶伦致力于美联储的公开化、透明化，明确了三大政策目标：通胀率、就业率和金融稳定。

即便如此，美联储的决策机制依然落后于欧洲、澳大利亚、加拿大央行。因为在这三大目标中，只有通胀率符合货币的本质，就业率和金融稳定都不应该是央行的职能。

这会导致什么问题？

美联储以就业率与金融稳定为目标，不但容易与政府合谋，支持金融机构，还容易破坏币值稳定这一根本性的目标。

事实上，自格林斯潘时代开始，美联储一次又一次地以拯救就业与金融为名，不断地给金融市场注入流动性，导致金融泡沫持续膨胀。2008年金融泡沫破裂后，美联储更是变本加厉地直接购买金融资产。

这次，鲍威尔降息的理由依然如此："鉴于这些风险，为了支持实现其最大的就业率和价格稳定目标，联邦公开市场委员会今天决定降低联邦基金利率的目标范围。"

美联储如果不回归到币值稳定这一唯一的目标上来，如果不放弃"泰勒规则"，危机则不可避免。

03
何时迎来变革窗口？

欧洲央行、英格兰银行、日本央行以通胀率为目标，结果同样是金融泡沫高企，还走向了负利率，这是为何？

问题出在以下3个方面：

一是通胀率是币值稳定的参考标准，但不是唯一的参考标准。

币值稳定的参考标准有很多，通胀率（物价）、房价、股价、债券价格、外汇价格、证券价格、大宗商品价格、利率、工资等。

欧美国家将通胀率设定在2%，相当于控制了货币流向商品市场，但是大规模的货币流向了房地产及金融市场。过去几十年，房价及金融资产价格大幅度上涨，这说明货币是不稳定的，大幅度地贬值了。

所以，央行不仅要以通胀率为目标，还必须考虑金融资产的价格。

受张五常"以物品成交价做指数为锚的理想货币制"的启发，笔者曾建议：

“建立一个以物价为基础，包含利率、外汇、房地产及资产价格因子的综合价格指数，作为货币政策之目标，或许更为科学。”

二是泰勒规则的推行，用利率手段达成通胀目标。

进入20世纪90年代，美国执行新的预算法案以约束联邦政府的债务扩张。为了减轻联邦政府的债务压力，格林斯潘果断地放弃了货币数量控制，彻底转向利率手段。

1993年，斯坦福大学教授约翰·泰勒将这种政策概括为一种简单的规则：通过利率调整来达成通胀目标。这就是泰勒规则。

实施泰勒规则的结果是，货币数量失控。表面上，欧美国家一直保持着低通胀，但大量的新增货币流向房地产和金融市场，货币已经严重贬值。

金融危机后，全球各国央行联手救市，以兰德尔为代表的现代货币理论崛起。他们认为，政府不需要关注债务，只要维持利率稳定就可以持续发币。

格林斯潘、伯南克以及这种后凯恩斯主义的货币理论，逐渐侵蚀了当年沃尔克与弗里德曼开创的局面。

如今，美联储及其他国家央行若真要控制资产泡沫，则需要重拾弗里德曼货币数量论的思想，与当年沃尔克一样，同时将货币数量增长率与利率作为调节手段。

值得注意的是，货币数量增长率不是绝对量，而是相对量，与GDP增速挂钩。这样可以避免1970年蒙代尔和1988年张五常提出的质疑：投资银行时代，货币数量无法准确衡量。

三是全球化治理的落后。

当今世界，经济全球化与货币国家化矛盾尖锐。美元作为世界货币，是全球交易者的公共契约，但美联储的决策不考虑全球交易者的利益。这才有美国前财政部长康纳利的那句话："美元是我们的货币，但是你们的麻烦。"

作为康纳利的同僚，沃尔克并不认同这句话。后来沃尔克回忆说，他试图调整美联储的政策将国际金融纳入货币决策的考量范畴，但因辞职风波未能如愿，成为"未竟之事"。

此后，货币国家化与经济全球化的矛盾愈加尖锐。美元作为"世界货币"，欧洲央行、英格兰央行、日本央行都以美元为储备货币，美联储降息或加息，他国央行基本都会跟随，并努力将本国的金融周期调整到与美国的金融周期同步。

这样做的结果是，欧盟、英国、澳大利亚、加拿大、日本及其他亚洲国家，一定程度上放松了对货币数量的控制，几乎与美联储同步持续下调利率，推高了金融泡沫和债务风险。

国际货币基金组织没能起到"世界央行"的作用，美联储的制度劣势绑架了全球金融市场。

如果将这个问题扩大，如今全球经济增长将遭遇全球化治理落后和倒退格局的挑战。

全球化不仅仅是贸易全球化、要素全球化、资本全球化，还是全方位治理的全球化。货币制度、财政制度、贸易规则、公共卫生系统、司法系统等落后，都可能给全球带来灾难性的后果。

比如，如今英格兰银行具有相当的独立性和开放性，其9名货币政策委员，有4名由非英国人担任，其行长马克·卡尼还是加拿大人。但是，英国在财政、难民、社会福利等问题上与欧盟存在严重的分歧，二者在2020年一拍两散。

首先看欧洲央行。1992年《马斯特里赫特条约》后，德国央行及欧元区国家的央行都将货币发行权、管理权让渡给了欧洲央行。

欧洲的问题并不在欧元本身，而是缺乏统一高效的财政系统。当年推出欧元时，欧洲央行没有严格遵循蒙代尔提出的财政要求，意大利的财政状况糟糕，但依然作为创始成员国成功加入欧元区。之后，希腊等未能达标的国家也加入欧元区。

意大利、希腊等国的财政系统，无法支撑欧洲央行统一的货币政策，最终在金融危机时爆发了债务危机。

其次看世界贸易组织的问题。作为全球最大的贸易组织，其仲裁机构停摆，规则遭遇挑战。在发展中国家的认定问题上，欧美国家与中国产生了严重分歧。这些问题导致全球贸易的交易费用上升。

最后看公共卫生系统问题。一个非洲国家的地方政府在公共卫生管理上出了问题，都可能给全球带来灾难性的后果。

但是，全球几乎没有一个组织及制度能够降低这一风险。新冠疫情的暴发，导致世界卫生组织的表现备受质疑。

这体现出全球化的脆弱性。

诺斯曾经提出过一个著名的悖论："国家的存在是经济增长的关键，然而国家又是人为经济衰退的根源。"在全球化时代，人类同属命运共同体，国家制度对经济增长的阻碍力度越来越大，但是有效率的全球化治理体系并不容易建立。

何解?

2019年12月，在保罗·沃尔克去世时，我在思考一个问题：全球央行正在带领我们走向深渊，这几乎是人尽皆知的事实，为何没有第二个沃尔克力挽狂澜?

诺斯的解释似乎有些道理：

制度不是一蹴而就的，有效制度的建立需要相当高的成本。只有当制度变革的激励、私人收益超过了变革的成本，执政者才会推动改革，有效率的经济组织才会出现，否则执政者可能宁愿维持低效的制度。

当年沃尔克施以“狼虎之药”，大幅度地提高利率抗击通胀，与白宫为敌，与金融界为敌，与世界为敌。沃尔克的行为是出于其令人尊重的“公职精神”吗？

经济学的直觉告诉我，沃尔克依然脱离不了其“私心”：抗击通胀的私人收益超过成本。

在尼克松时代，担任财政部副部长的沃尔克主导了布雷顿森林体系的解体，美元历经3次贬值，美国陷入多年滞胀危机。

沃尔克在“水门事件”时辞职，进入了纽联储。沃尔克认为自己“搞砸了美元”，试图重构全球货币体系。1979年，沃尔克临危受命，这是他挽回声誉的最好机会。

沃尔克上任时，弗里德曼寄了贺信：“反正都已经烂透了，唯一的好消息是没有比这更烂，你尽管放手去干。”

当时，滞胀危机导致连续两任政府垮台，沃尔克若不成功损失不大，若成功则成就万世之功。这就是沃尔克变革的收益比。

但是，2008年金融危机爆发时，时任美联储主席伯南克为何没能成为“沃尔克”？

当时，美国公民85%的资产配置在房地产与金融资产上。如果不拯救金融市场，美联储相当于与全体美国人为敌，伯南克缺乏“正确”决策的动力。伯南克还写了一本《行动的勇气》为自己辩解。

2020年，美国公民92%的资产配置在房地产与金融资产上，美股和美债的规模已到天量级别，特朗普正谋求大选，美国正在封锁俄罗斯和伊朗。只要印发货币还能延续这种击鼓传花的游戏，鲍威尔定然不会冒险变革。

事实上，鲍威尔是现代货币理论的反对者，但其推动美联储的行动却符合这一糟糕的理论。

可见，金融资产屡次遭遇崩盘，都难以开启货币改革的窗口，反而积重难返、变本加厉。

什么时候才能迎来变革的曙光？

答案或许是：滞胀危机之时。

货币大潮引发通胀螺旋，导致类似于沃尔克时代的滞胀危机。滞胀危机爆发，说明菲利普斯曲线失灵，它是货币宽松政策的“克星”，货币发行越多，通胀越严重，经济越衰退。

从本质上来看，滞胀爆发意味着货币这种公共契约违约，其作为交易媒介的基本属性消失，其币值稳定的神圣职责不复存在。

货币作为公共契约，西方央行似乎并不严格遵守货币发行规则，滥发货币，让央行的独立性为经济危机买单。

当然，货币非国家化、无国界化，发币行私有化（非公共物品），亦是一种可探讨、可尝试的制度。

参考文献

[1] 理查德 · 坎蒂隆. 商业性质概论[M]. 余永定，译. 北京：商务印书馆，1997.

[2] 道格拉斯 · 诺斯，罗伯斯 · 托马斯. 西方世界的兴起[M]. 厉以平，蔡磊，译. 北京：华夏出版社，2009.

[3] 保罗 · 沃尔克，行天丰雄. 时运变迁[M]. 于杰，译. 北京：中信出版社，2018.

[4] 瓦尔特 · 欧肯. 经济政策的原则[M]. 李道斌，冯兴元，史世伟，译. 北京：中国社会科学出版社，2014.

[5] 张五常. 经济解释[M]. 北京：中信出版社，2015.

俄乌冲突：超限战与冷和平

经过一段时间的胶着战，到2022年4月，俄乌和谈意向愈加强烈。在第五轮谈判中，双方相互妥协，试图通过纳入德国等国家作为安全保障国来结束这场战争。

每个人似乎都爱好和平，且预期以最小的代价来获取最大的利益。在人类历史上，战争往往是以预期最小的代价开始，以最大的代价收场。于是，战争与和平在这种矛盾心态中来回激荡。那么，和平的真正保障是什么？本节重新思考全球化时代的战争与和平。

01
相对论与搭便车

为人父母者常常试图用“吼骂打”的粗暴方式教育小孩。这种预期成本最小的“战争”使家庭付出了巨大的代价。于是，我们努力压制着情绪，与孩子“交易”，达成和平。

贸易，不是天然存在的，是无数次掠夺反馈的产物。同样，和平也不是上天赐予的，也是无数次战争反馈的结果。这种市场反馈机制运行至今，几乎人人谙熟亚当·斯密的信条：贸易与和平。

不过，三一大学的玛里亚·帕加内里教授和波茨坦大学的莱因哈德·舒马赫教授，在《贸易能够带来和平吗？——来自亚当·斯密的启示》中给我们提供了一条有意思的信息：“与常识相悖，亚当·斯密作为最著名的自由贸易论者之一，却担心商业贸易及其带来的财富可能并不会减少而是会增加国际战争。其原因在于，随着贸易的发展，战争的相对成本和感知成本下降，同时商业利益集团的势力逐渐增强。”

斯密认为，在商业社会中，专业军队替代了民兵，普通人不需要上战场，减少了战争的相对成本；同时，军费开支主要通过债务融资，而非直接的税收，从而降低了战争的感知成本。

“感知成本的降低使普通民众开始做起了‘帝国梦’，而势力与日俱增的商业集团由于需要建立和保护它们的垄断地位而支持战争，这便进一步推动了这种‘帝国梦’的幻想。”

斯密指出，许多人实际上“可以悠然自得地从报纸上读到本国海军和陆军取得的丰功伟绩”，并且产生“对征服他国与国家荣耀的千万种幻想”，因此他们“通常不愿意恢复和平，因为这意味着这种享受的结束”。

这导致了一种可怕的恶果，那就是战争娱乐化、游戏化。“战争会被民众当作一种娱乐，因为大部分人生活在远离战场的地方，体会不到战争造成的不便。”

斯密可谓目光如炬，几乎洞察到了两次世界大战乃至当下俄乌冲突的现实场景，只是报纸换成了键盘。不过，斯密的分析逻辑却不够深邃，用弗里德曼的价格理论分析更及本质。在商业社会中，战争的相对成本和感知成本下降，表面上是因为市场——军队专业分工和国家战争债券的出现，实际上恰恰相反，是因为公共物品不够市场化，缺乏分配效率所致。

在古代的欧洲，土地是领主私有的，战争爆发时，农民置之度外，领主则守土有责、攫土有利，一般自己人上战场，直接承担战争的后果。所以，那时的战争是“有限战争”。但是，这种有限战争被法国大革命之后全面的国家战争所取代。

国家战争为何失控？市场的逻辑是个人为自己的行为负责，而公共物品是反市场逻辑，难以清晰地界定战争成本。自20世纪开始，世界各地的民族国家崛起，公共物品大规模膨胀，包括专业化军队以及发动战争的国家债券。公共物品缺乏自由价格、分配无效率，人们无法像当年的领主与农民一样直接感知到国家战争的债务与苦难有多少会分摊到自己身上。

由于公共物品具有不可分割性和公共政策（战争决议）具有强制性，每个人从战争中获得的收益、付出的代价都是不同的。石油商、军火商可以从战争中获利，地产商、股票投资者可能受损。与富人相比，穷人更易被战争通胀所洗劫。战争娱乐化分子、民族主义者、理想主义者更在乎战争带来的心理效用，以补偿现实利益的损失。

人们无法调节公共物品的需求，便诉诸改变税收来实现边际利益最大化。本来，税收是公共物品的价格，战争引致税收增加，可以抑制国家战争。但是，税收并没有充分反映市场效率，它对战争债券的反应并不敏捷。政府会开动央行“印钞机”来给战争债券融资，同时通过制造通胀来“分摊”债务。另外，很多长期战争债券的成本实际上转嫁给后代。所以，战争债券缺乏自由价格的约束，含糊的惩罚不容易让当下的民众直接感受到战争的成本。

如此可能催生战争“便车”。战争的直接获益者开动战争“便车”，心理效用的获得者、糊涂的受损者都可能搭战争便车。正如奥威尔所言：“所有的战争宣传，所有的叫嚣、谎言和仇恨，都来自那些不上战场的人。”

一战是从有限战争到全面战争的标志，也是欧洲历史的转折点。一战前，欧洲人的尚武精神膨胀，从普通民众到贵族精英不少人是主战派。当时欧洲的民族国家版图基本形成，专业化军队建成，国家机器空前强大，民族主义情绪浓厚。普通民众不需要直接上战场，对战争风险的感知很低，打赢了心里爽——民族主义情绪可能催生巨大的心理效用。而贵族精英还停留在有限战争时代，认为战争不过“点到为止”，继承着骑士精神，亲自披甲上阵。那个时代的经济学家凯恩斯、哈耶克、米塞斯都投身到这场战争中，哈耶克还多次遇险。

最开始，凯恩斯及很多欧洲精英都以为这场战争最多3个月就结束了。伦敦人一边享受着下午茶，一边看着报纸了解欧陆战场的捷报。但是，战争逐渐失控、越拖越久，身边的朋友阵亡的消息一一回传，沉重地打击了欧洲精英们。最后，这场原本以为3个月就结束的战争打了4年，几乎所有欧洲国家都卷入其中，过半欧洲贵族精英阵亡。这可能是战后欧洲衰落的重要原因。

战争只有到生灵涂炭、通胀剧烈和国家危亡，“无差别”地打到每一个人头上，才可能终止，但为时已晚。一战后期，西班牙大流感全球大流行，夺走了2000多万条生命，欧洲各国无心无兵再战才收场。二战后，为了让战争直接惩罚支持者，日本知识分子主张谁支持战争谁上战场。

民族主权国家是避免战争的公器，也是战争的原因。民族主权国家大规模的国防公共预算缺乏分配效率，削弱了民众对战争成本的感知，还可能膨胀战争带来的民族主义心理效用。所以，现代国家战争是公共物品价格失灵的结果。

02
超限战与冷和平

有意思的是，一战后，除了德国人，多数欧洲人都极度厌战。米塞斯曾提到一段历史，当时东欧一些国家的政治精英组建了一个和平联盟，加入该联盟的国家，必须做到以和为贵，不允许通过战争来解决国家争端。这种普遍性的厌战情绪被认为催生了绥靖政策。很多人指责，欧洲人的绥靖政策膨胀了希特勒的野心，对二战的爆发负有直接责任。

国际组织和构建秩序到底能否抑制战争？

早在“三十年战争”结束时，即1648年，西班牙、神圣罗马帝国等参战国达成了威斯特伐利亚体系。这是人类史上第一个国际体系。此后，人类试图通过协议来遏制战争。不过，东欧政治精英组建的和平联盟显然没能遏止二战。凯恩斯认为二战的根源是凡尔赛体系，这一国际秩序反而诱发了战争。而二战后的雅尔塔体系又被认为是最近70年世界和平的保障。但俄乌冲突触发了冷战结束以来最严重的地缘政治危机，这一国际秩序正在崩坏。

历史经验似是而非，我们需要遵循于一般性逻辑。二战后，战争与和平一般性逻辑仍然有效，市场化程度越高，战争的个人成本越清晰，对战争的抑制越强；相反，市场化程度越低，战争公共物品规模越大，搭便车动机越明显，国家战争爆发及失控的可能性就越大。

过去70年，世界从冷战过渡到相对和平的时代。“仅从逻辑上看，全球化无疑促进了世界和平。就连一些二战后独立的、参与了冷战的亚洲国家也摆脱了意识形态的桎梏主动加入了全球分工体系。”这是福山的主张。“不过，我们也看到，在全球化协作中存在种种价值观冲突。”这是福山的老师亨廷顿的主张。

过去30年，师徒二人的观点伴随着国际地缘政治形势的起伏而碰撞。其实，当下全球化的和平，不是福山的春暖花开，也不是亨廷顿的文明冲突，而是一种“冷和平”。

为什么？

经济全球化打破了过去民族主权国家的界限，个人在战争与和平中所扮演的角色更加鲜明。无数来自不同民族、种族、国家与信仰的人，在同一个分工体系中协作会发生什么？共同利益是维系协作与和平的底线，除此之外，个人的信仰、喜好与偏见都潜藏着冲突的因子。这是一种福山和亨廷顿合体的冷和平。“油管五常”是冷和平的典型现象。印度、韩国、土耳其、波兰、越南五国网友喜欢在YouTube（油管）吵架，这五国又是积极融入全球化的国家。

我想使用“超限战”的概念来解释这种现象。与20世纪全面的国家战争不同，超限战是全球化时代的超越界限的战争。超越两种界限：

一是超越战争的界限，进入了金融、科技、网络舆论、文化信仰、政治制度等全方位的较量。在俄乌冲突中，美国和北约承诺不出兵，但金融制裁、科技制裁、政治围剿及军备支援乌克兰给俄罗斯带来全面的压力。这可能是普京没有预料到的。

二是超越国家的界限，进入个人与个人之间的战争。

俄乌冲突是一场典型的全球化时代的超限战。全球化时代的战争不再是过去的民族主权国家之间的战争，而是人与人之间的战争。

在全球化时代，一场战争给个人带来的成本，超越了国家的界限，超越模糊的国防军费。俄乌冲突引发股价下跌，油价大涨，进而波及粮食价格上涨，关系到战争国之外的全球多数人的利益。在非参战国里，受损的人们也会利用自己的能力去阻止或影响这场战争。比如，在社交媒体上论战，逼迫跨国公司撤出俄罗斯，要求国会对俄罗斯实施金融制裁，等等。

东欧爆发了一场战争，全球社交媒体上爆发了一场更大的战争，这是一场个人与个人之间的战争。即便在一个国家内部，个人与个人也在社交媒体上"兵戎相见"。每个人都在上面捍卫自己的经济利益和价值观。有些人将自己的价值观赋予在俄乌中的某一方，因价值观战争的暂时胜利而得意忘形，反之则政治性抑郁。这是一个超越国家界限的个人价值观大撕裂时代。

同样，交战国双方也在全球社交媒体上交锋。全球化的战争波及每一个人，战争的发起方需要对外解释战争的合法性，以降低国际压力；而战争的另一方，则尽量争取全球受害者的支持。

泽连斯基，"70后"，政治新人，深谙"网道"，在社交媒体上通过个人化的"在现场"视频掀起了一场政治旋风；普京，"50后"，政治强人，在传统媒体上多次发表政治演讲。显然，这是一场存在代际差的舆论战。不过，在亚洲社媒上，乌克兰直到战争打响5天后才开始行动，而俄罗斯的优势则相当明显。媒体对战局的改变比任何时候都要更快更直接。

这场冲突让我们看到了和平的力量，也充分地显露出潜藏在全球化之下的冲突底色。全球化时代的超限战是人与人之间的战争，超越了战争与国家。因此，这种超限战反过来又抑制着战争，给世界带来冷和平——一种仅靠全球化产业分工体系维系、充满价值观冲突的和平。不论我们对“贸易促进和平”有多么不信任，但至少它是维系世界和平的唯一底线。

03
外部性与市场化

也许每个人心中都装着一个恶魔，而我们要做的是如何遏制它。习俗、条约、法律是恶魔的枷锁，但也可能成为恶魔控制他人的枷锁。真正有效的办法是让恶魔的主人付出同等的代价——撒谎者被唾弃，战争发动者自担风险。

市场抑制战争是一条可靠的逻辑，我们需要做的就是彻底打通这条逻辑。我们将欺诈、偷窃、掠夺、战争等行为归纳为外部性问题，而市场的存在就是为了解决这些外部性问题。科斯认为，在交易费用为零的情况下，只要明确产权，人们就可以通过市场交易解决外部性问题。

当然，人们意识到可以通过交易来取代偷窃、掠夺，是经过了无数次流血斗争的漫长反馈的。所以，张五常才会说，市场是非常奢侈的玩意儿，是无数次惩罚（理性反馈）的结果。如今，但凡市场不张、全球化倒退，人们都可能发生冲突；但凡产权不明，便存在严重的矛盾。

信息市场的产权不明，个人数据产权没有获得保护，战争造谣者、叫嚣者不易遭到价格的惩罚，出现劣币驱逐良币现象，谣言、噪声、欺诈等劣质品充斥着全球社交媒体。媒体或数据掌控者可以左右舆论，通过算法制造信息茧房，最终控制人的思想。

这就出现所谓的后真相时代。人们根据被控制的信息、被教育的知识以及情绪偏好发言，脱离自身利益而不自知，遭遇战争惩罚而不自省。真正需要警惕的是反市场行为，米塞斯批评“他们所崇拜的是‘英雄’、毁灭者和屠杀者，瞧不起资产阶级和其‘市侩气’”。

科斯的解决思路是有效的，打破媒体的垄断，个人数据确权，信息市场竞争便会更加充分，权责利更加明确，外部性会降低。不过我对信息市场感到担忧，但这不是本文的重点，重点在下面。

科斯也犯了一个严重的错误。他认为，现实中市场交易成本奇高，国家的存在就是为了降低交易费用。科斯用交易费用来解释国家的存在，相当于把国家视为特例，陷入了制度外生性的误区。

其实，市场是解决外部性问题的自发自生的秩序。国家不是特例，国家也是某种形式的“市场”，也是在解决外部性问题时自发自生的秩序。

本书引用奥尔森的国家理论。奥尔森认为，当流寇政府停下来成为坐寇政府时，国家就产生了。流寇为什么会变成坐寇？奥尔森认为，流寇以抢劫为生，但也存在成本与风险；当流寇意识到，坐下来收税，风险更小、收益更大时，流寇政府就变成坐寇政府。换言之，流寇以抢劫为生，制造了外部性问题；坐寇以税收为生，使用的是市场交换手段，即坐寇提供军事保护，民众向坐寇政府纳税。这是一种政治市场，坐寇政府是市场主体，负责提供公共物品，主要是军事保护，税收就是公共物品的价格。可见国家诞生于政治市场，解决抢劫的外部性问题。

但是，坐寇政府是垄断性市场，不是自由竞争市场，税收不是真正的自由价格；同时催生了王朝战争、税收盘剥等外部性问题。只有国家成为真正的自由市场，才能充分解决外部性问题。接下来，人类几千年的政治运动都往一个方向折腾，那就是国家的市场化。

直到近代，国家市场化才在内部获得突破，即政治自由，两个典型代表是民主制度和联邦制度。所谓民主制度其实就是政治自由化，打破王室垄断，竞争上岗，公共选择变成了一种市场行为。联邦制度就是国家内部的政府之间自由竞争，实施竞争性税率，联邦之间的税收价格竞争更加充分。

法国大革命后，以民族为纽带的主权国家开始兴起，国家市场进入政治自由化阶段，政府的内部效率大幅度提升。但是民族国家主权的崛起带来两大外部性难题：

一是保护国家主权依赖于大规模的公共物品，包括军费开支和社会福利，由于公共物品存在分配难题，民众无法清晰知晓公共费用会落到自己头上，最终导致主权债务失控或国家战争失控。

二是民族主权国家对外的垄断性极强，政府掌控着铸币权和关税权，限制资本、人口、资源的流动，打击了税收的价格自由度，容易诱发内部通胀和外部战争。

实际上，一战和二战的爆发，与民族主权国家的崛起以及以上两大外部性息息相关。二战后，经济全球化打破了民族主权国家的对外垄断，商品、信息、资本与人才大规模流动。国家市场化进入了全球化阶段，政治的内部自由竞争进入外部自由竞争，税收的自由价格彰显，政府受到了国际市场的价格约束和激励。

最典型的例子是竞争性税率。最近几十年，各国尤其是新兴国家，为了吸引外资，纷纷降低关税、企业所得税，税收补贴外商投资。此举促进新兴国家融入全球分工体系中，无数个人在出口制造、国际物流中就业与生存，大大促进了世界稳定与和平。

但是，这个全球化秩序是一个扭曲失衡的秩序。问题主要是全球建制派主导的国家市场化不够彻底，表现为两个方面：一是资本畅通无阻，人口禁止跨国，资本税率小于劳动税率，导致贫富差距越拉越大；二是各国央行使用垄断的铸币权在2008年金融危机后大规模印钞，推高了富人的资产，洗劫了普通家庭的财富，引发了民粹福利主义，进而加剧了货币和财政扩张，公共物品沦为“公地悲剧”。于是，这些受害者成为反全球化的主力。

金融危机后，逆全球化思潮盛行；俄乌冲突后，国际地缘政治两极化。如此，国际旧秩序正在崩坏。接下来，怎么走？

目前存在两个趋势：一是金融、能源、技术、信息网络硬脱钩，全球产业链被政治抱团支配、重组，一些国家可能被排除在国际市场之外；二是各国开启军备竞赛，军费开支陡增，德国宣布军费总额将达到GDP的2%，并额外拨款1000亿欧元用于打造军队，美国拜登总统近期提交的2023财年预算案，国防开支创纪录达8133亿美元。

实际上，逆向全球化时代扩张军费是危险的，大规模的军费公共物品存在分配难题，容易诱发战争。希望这一过程只是权宜之计，而非战略。

战略应该遵循逻辑，而逻辑则恰恰相反，那就是国家在全球化时代彻底市场化，打破人口流通限制，实现要素全球流通，税收价格、汇率价格充分自由化。如此，竞争性政府实施竞争性税率，提供优质的公共物品（其实已转变为私人物品），以吸引企业、资本与人口。同时，制度也内生于国家市场，抑制掠夺、战争的法律与国际协议便更加有效。

其实，人类的国家历史是一部走向市场化的历史。从坐寇政府开启低级的国家市场，到国家市场全球化，国家战争的代价攀升、收益下滑。坐寇政府还有掠夺人口、土地与资源的动机，主权国家政府转向商品、技术与资本贸易。如今，世界的比较优势从外生性的资源禀赋转移到内生性的制度、人才与技术，竞争性政府考虑的只是如何吸引人力资本。在200多年前，斯密就意识到，未来的战争会变得“更温和”，人道主义行为在战争中会增加，“即使在战场上，人们也流露出对人和财产更多的尊重”。

国家是自发秩序的最后一个堡垒，国家市场的全球化意味着个人的全球化，人流如织、利益如网，遏制着每个人心中的恶魔，自发自生出冷和平的世界。这就是我之前提出的国家市场理论，它既符合逻辑也符合历史。

参考文献

[1] 玛里亚·帕加内里，莱因哈德·舒马赫. 贸易能够带来和平吗？来自亚当·斯密的启示[J]. 李黎力，周昕煜，译. 比较，2021（5）.

[2] 路德维希·冯·米塞斯. 人的行为[M]. 夏道平，译. 上海：上海社会科学院出版社，2015.

如何化解粮食安全担忧？

2022年5月4日，由联合国粮农组织、世界粮食计划署和欧盟共同领导的“全球应对粮食危机网络”（GNAFC）发布了《2022全球粮食危机报告》。报告称，受冲突、极端天气、新冠疫情等多重因素影响，2021年共有53个国家和地区接近1.93亿人遭遇严重粮食短缺，这一数字比前一年增加4000万人。

数据显示，世界粮食计划署在2019—2021年援助的饥饿和营养不足人口连年上升，分别达到9710万人、1.155亿人和1.28亿人。2023年预计援助人口将达到1.37亿人。

俄乌冲突引发全球粮食危机担忧，若全球粮食、能源和金融的三重危机相互冲击，将带来全球性和系统性的破坏。尤其是世界上最脆弱的人群、国家和经济体将在贫困和饥饿问题中越陷越深。

01
粮食危机的导火线

从全球粮食产业的角度来看，俄乌冲突无疑是地球两大粮仓的火拼。

乌克兰是全球第四大粮食出口国，被称为“欧洲粮仓”。乌克兰拥有地球1/4的黑土地，乌克兰大平原的耕地面积约4256万公顷，为全球4亿人口供应粮食，其中1/10由中国公司耕种；每年谷物和豆类产量超过6000万吨，其中2/3对外出口。

2021年，乌克兰农产品出口额达277亿美元，同比增长25%。其中，小麦出口量为2000万吨，占全球的9.85%，为第五大小麦出口国；大麦出口量为580万吨，占全球的16.67%，为第三大大麦出口国；玉米出口量为2750万吨，占全球的13.74%，为第四大玉米出口国。另外，乌克兰还是全球第一大葵花籽油出口国，葵花籽油产量占全球的28.6%，葵花籽油出口占全球的50%。①

俄罗斯是全球第三大粮食出口国，是中东及非洲国家主要的粮食进口国。俄罗斯的耕地主要分布在中央区、伏尔加河地区和南部，耕种面积达到1.26亿公顷，每年粮食产量超过1.3亿吨。

2021年，俄罗斯农产品出口额达377亿美元，同比增长23.6%。其中，小麦出口量为3200万吨，占全球的15.76%，为第二大小麦出口国；大麦出口量为450万吨，占全球的12.93%，为第四大大麦出口国；玉米出口量为450万吨，占全球出口量的2.25%。②

俄乌两国的小麦合计产量达10816万吨，合计出口占全球的25.6%；大麦合计产量为2740万吨，合计出口占全球的29.6%；玉米合计出口占全球的19%，葵花籽油合计出口占全球的80%。

---

① 周欣瑜.谁在推动“粮食危机”[EB/OL].（2022-05-02）[2023-01-02]. https：//wallstreetcn.com/articles/3658403.

② 周欣瑜.谁在推动“粮食危机”[EB/OL].（2022-05-02）[2023-01-02]. https：//wallstreetcn.com/articles/3658403.

两大粮仓开火，全球粮价上涨。这场冲突对粮价的推动大致表现在如下几方面：

一是乌克兰粮食减产。战火严重破坏了乌克兰的基础设施和部分耕地，耽误了农时与生产，直接降低了乌克兰的粮食产量。按照联合国粮农组织的估计，乌克兰2023年可能有20%~30%的冬季谷物、玉米和葵花籽无法种植或收割。联合国粮农组织的最新报告估计，由于乌克兰目前的局势，2023年全球小麦产量将下降20%。

二是乌东地区鏖战，粮食供应受阻。俄军围攻敖德萨等港口，又封锁了黑海航道，而这些港口及黑海航道承担着乌克兰90%的粮食出口。如今，大规模的小麦、大豆、玉米积压在敖德萨港无法外运。乌克兰总统泽连斯基近日表示，由于俄罗斯持续封锁乌克兰黑海港口，乌克兰可能损失数千万吨粮食，进而引发一场影响欧洲、亚洲和非洲的粮食危机。

三是俄乌限制粮食出口。俄罗斯宣布暂时禁止向“对俄不友好国家”出口小麦、黑麦、大麦、玉米等谷物，乌克兰也对荞麦、裸麦、大米和燕麦实行出口限制。

四是能源金融化、粮食能源化，能源价格上涨推动化肥价格大涨，进而推动粮价上涨。俄乌冲突导致石油和天然气价格暴涨，而天然气又是化肥的主要原料。同时，俄罗斯和白俄罗斯是化肥的主要供应国，两国钾肥产量和出口量占全球的40%。

世界银行提供的化肥价格指数2022年3月涨至237.6，较上年同期上涨1.3倍，创下自2008年以来新高。其中，氯化钾肥3月涨至每吨562美元，较上年同期上涨1.8倍，创出主要化肥品种的涨幅纪录。尿素价格也上涨了1.6倍，至每吨907美元左右。

全球化肥价格上涨，农民减少化肥采购，进而降低了农产品产量。世界最大的钾肥生产商Nutrien，预计2022年全球钾肥出货量将下降至6000万吨至6500万吨。

在北美，美国农业部2022年3月底发布的农户种植意向调查显示，相对来说较多使用化肥的玉米的种植面积预计减少4%。在南美，如果钾肥使用量减少20%，预计巴西大豆年产量将下降14%。在亚洲，国际肥料发展中心（IFDC）警告，印度、孟加拉国、印度尼西亚等亚洲国家的农民正在减少化肥使用量，这导致下一季水稻收成或将减少10%，相当于大约3600万吨大米。在非洲，国际肥料发展中心观察发现，撒哈拉沙漠以南的化肥使用量已减少30%，这可能会使非洲谷物产量减少3000万吨。

俄乌冲突爆发后，2022年3月联合国粮农组织粮价指数同比涨幅扩大12.1个百分点，至31.4%。其中，谷类和油料类粮价同比增速分别高达35%和53.5%，对应指数分别为166.5和243.2，均创有数据以来新高。同时，大豆期货、玉米期货价格屡创新高。世界银行当时预测，由于俄乌冲突将改变世界交易、生产和消费的方式，2022年，全球食品和粮食在上一年上涨了31%的基础上，还将继续上涨22.9%。

通常，食品价格每上涨1%，将有1000万人陷入极端贫困。与历史上的粮食危机类似，首当其冲的还是世界上最边缘的国家和最脆弱的人群，而这次他们遭受的冲击甚至更加直接、快速。

俄乌两国的粮食出口地主要是中东和非洲地区。2020年，非洲国家从俄罗斯进口了40亿美元农产品，其中小麦占90%。俄小麦出口埃及占31.3%，土耳其占17%，孟加拉国占6.44%，尼日利亚占4.84%，也门占3.89%，苏丹占2.51%。

2020年，非洲国家从乌克兰进口了30亿美元农产品，其中小麦占48%、玉米占31%。乌小麦出口埃及占22%，印度尼西亚占19.4%，菲律宾占7.79%，土耳其占6.67%，突尼斯占6.31%，也门占2.26%。

肯尼亚、吉布提、厄立特里亚、苏丹、布隆迪、乌干达、索马里、卢旺达等非洲国家的小麦进口，90%来自俄乌两国；埃及、土耳其、孟加拉国、叙利亚的这一数据都超过60%。黎巴嫩、突尼斯、也门、利比亚对这两个国家的小麦依赖度也非常高。

比如埃及，人口超过1亿人，主要食物烤面包的原料就是俄乌的小麦，其中60%~85%从俄罗斯进口。战争爆发后，埃及的小麦粉价格上涨了20%，小麦储备不足3个月，很可能会陷入粮食危机。又如黎巴嫩和斯里兰卡，这两个国家已陷入经济危机和人道主义灾难。黎巴嫩90%的小麦从俄乌进口，每年粮食进口额为8亿美元，但这个国家没有这么多外汇进口小麦，如今3/4的人口陷入贫困。斯里兰卡的主权债务已违约，没有足够的外汇进口能源、粮食和药品，大量表示不满的示威者与政府爆发了严重的街头冲突。

02
中国如何养活十四亿人

俄乌两国是中国的主要粮食进口国。海关数据显示，2021年，中国从乌克兰进口玉米824万吨，占比近三成。这场冲突及粮食价格上涨同样影响着中国的粮食安全。

2021年中国粮食总产量超过6.8亿吨，人均粮食使用量远超国际警戒线；大米、小麦、玉米三大主粮的自给率均在98%以上。

中国的粮食安全整体是有保障的，但仍需心怀忧患意识。

公开数据显示，自1978年以来，中国粮食产量整体呈上升态势：1978年粮食总产量为3.04亿吨，到1990年达4.46亿吨，增长率高达46.7%。这一时期的粮食增产主要有两个因素：一是土地制度改革，农村家庭联产承包责任制提高了农民种粮的积极性。二是现代农业技术，如农药、化肥、机械等的引入。

进入20世纪90年代，粮食总产量稳定增长，但在1996年突破5亿吨后连年下跌，2000年减产10%，2003年跌至4.3亿吨，低于1990年的水平。

2003年后粮食持续增产，2007年重回5亿吨，2013年突破6亿吨，2019年达到6.63亿吨，再创新高。

这一轮粮食的稳定增长主要受益于粮食产业的全球化配置，关键事件是中国在2001年底加入WTO。“入世”谈判非常艰难，其中农业是极其敏感的议题。当时，国内有人反对，认为如果让美国农产品进入中国控制了国人的口粮，中国粮食安全就得不到保障。但是，中国有达成农业方面协议的需求。

从1996年开始到“入世”之前，中国粮食总产量持续下滑，人口自然增长率为1.04‰。如此下去，解决10多亿人吃饭问题的压力巨大。缺粮是最大的粮食安全问题，中国希望通过“入世”来加大粮食进口。具体做法是什么？

简单来说是粮食产业的全球化配置，涉及主粮种植、进口粮、种子、农药、化肥、机械等。

主要看粮食供应（种植和进口）结构的优化。

“入世”后，中国加大粮食进口，尤其是大豆进口，减少了大豆、粗粮、糖料及棉花的种植面积或比例，将更多的土地腾出来种植三大主粮。

数据显示：2002年中国大豆进口量刚超过1000万吨，到2017年这一数据达到9556万吨，增加了8.6倍。2001年，中国大豆播种面积为948万公顷，到2012年播种面积下降到了717万公顷。同时，年产量也从2001年的1540万吨下降到2012年的1300万吨。

从2006年开始，小麦、稻谷和玉米三大主粮的播种面积增幅较大。2008年全球粮食涨价，中国扩大了三大主粮的播种面积。小麦播种面积从2009年开始超过2400万公顷，稻谷到2011年稳定在3000万公顷以上，玉米到2012年稳定在3500万公顷。三大主粮的播种面积增加，产量也水涨船高，进而提高了三大主粮的自给率。

这种全球化的粮食结构优化完全符合大卫·李嘉图的比较优势理论。当时，中国种植大豆、大米、玉米、小麦的成本都高于美国，其中大豆最甚。因此，中国的耕种策略是：向美国大规模进口大豆，腾出更多土地扩大三大主粮的种植面积。

以2020年8月美国芝加哥期货交易所的价格为例，按当时1：6.93的汇率折算，美国大豆价格约为2855元（人民币）/吨，中国大豆的期货价格约为3300元/吨，每吨差价达445元。在2008年之前，这一差价更大。美国小麦期货价格为1282元/吨，中国小麦期货价格约为2500元/吨，每吨差价高达1218元；美国期货玉米的价格为921元/吨，中国玉米期货价格超过2200元/吨，每吨差价高达1279元。可以看出，中美之间小麦、玉米的差价要大于大豆。这说明，通过10多年的采购，中美之间的大豆价差有所平抑。

大豆是饲料的主要原材料。美国廉价的大豆是其肉类价格低廉的重要原因。中国大规模进口大豆用于饲料生产，降低了肉价，尤其是中国食用规模最大的猪肉的价格。

所以，“入世”以来，中国利用了国际市场资源，优化了粮食供应结构，减少了大豆、粗粮等品种的种植面积，采用进口替代的方式弥补，同时扩大了三大主粮的种植面积，从而提高了粮食产量和三大主粮的自给率，形成了今天中国粮食的基本盘。

海关总署发布的数据显示，2021年，中国粮食总产量超过6.8亿吨，进口粮食为1.65亿吨，占粮食总产量的24.1%，粮食对外依存度为19.4%。其中，大米、玉米、小麦是中国三大主粮，自给率超过98%；进口大豆为9651.8万吨，占进口总量的58%。大豆需求量不小，在1亿吨级别，占全球大豆消费需求的30%，对外依赖度接近90%。另外，棕榈油对外依存度为100%，大豆为83%，大麦为78%。

除了粮食供应，中国粮食的种子、化肥及农药也是由国际市场配置。这大大提高了中国的粮食产量。

种子技术革命，是现代农业增产的根本动力之一。美国是全球最大的种子出口国，美国孟山都、杜邦和先正达三巨头占有全球1/3的市场份额。中国是全球种子进口大国，主要向美国、荷兰和日本进口，其中对美国的进口规模最大。

自2000年开始，中国种子进口总额持续增加，从7700万多美元，增加到2010年的3亿多美元。在全球前10名国家种子进口贸易总额中，中国进口占比遥遥领先，其中2002—2003年进口占比超过90%，2008—2010年均超过80%。进口种子提高了中国粮食产量。

除了种子外，农业机械、农药化肥及现代化大农场管理也是现代农业革命的关键。

化肥中的氮，原本是二战中炸药的主要成分。战后，原本军用的氮和硝酸盐生产工艺民用化，农业化肥技术突飞猛进。尤其是20世纪60年代后，矮秆杂交种子研发成功，使作物在吸收化肥后不会倒伏，化肥在美国农场大规模使用。美国科赫肥料和CF肥料是世界级肥料制造商。

再看农药。以草甘膦为例，草甘膦又称除草剂，可以快速高效地控制杂草，大大节省了人力。美国孟山都开发了抗草甘膦的转基因作物，主要是大豆、玉米和棉花。在这类转基因品种上使用除草剂，效率高且不伤害作物。目前，这三大作物分别占据了美国栽培面积的90%、67%和67%。美国孟山都、杜邦和先正达还是农药生产巨头，占据了全球一半的农药销售份额。

现代化肥、农药和耕种技术的引进，缓解了土地肥力递减，提高了中国农耕效率和粮食产量。这是中国养活14亿人口的基本盘。该基本盘是全球化粮食资源优化配置的结果。

03
我们如何应对粮食危机？

如今，全球各国的口粮，基本上是由全球化市场来保障的。

苏联解体后，俄罗斯继承了大规模的土地，但粮食却无法自给，进口比例达到50%。最近20年，俄罗斯引进种子、化肥、农药和农业机械，同时加大农业补贴，粮食产量大幅度提升，转变成为全球第三大粮食出口国。乌克兰1/3的种子靠进口，主要来自法国。玉米种子进口占谷物种子进口的91%，向日葵种子进口占油料种子的83%。这些进口种子提高了“欧洲粮仓”的产量。此外，日韩大量进口欧洲、美洲的小麦和玉米，腾出更多的资源生产稻谷和发展精细化农业。如今，全球粮食产量基本满足需求，各国粮食的平均自给率超过八成，这是全球化优化资源配置的结果。

但是，正如我之前所说的，如果逆全球化态势持续，全球粮食危机可能爆发。

我们需要关注一组矛盾的数据：从2018年到2021年，全球粮食一直在增产，粮食总产量分别为26.5亿吨、27.1亿吨、27.8亿吨、28.0亿吨；粮食总供应量基本满足总消费量，以2020年为例，总供应量为36.6亿吨，大于总消费量28亿吨，期末库存和库存消费比分别为8.5亿吨和30.3%。但是，近些年，粮价持续上涨，陷入饥饿的人数却迅速增加。联合国近些年发布的数据显示，2019年全球有近6.9亿人挨饿，比2018年增加了1000万人，而在新冠疫情、俄乌冲突的推动下，如今这一数据上涨到8亿人，占地球总人口的10.5%。

目前，有两股不同的力量分别影响着人类的口粮：

一是市场的力量。俄乌冲突爆发后，国际粮食价格上涨，国际市场开始自动调节。非洲、亚洲国家无力承担化肥价格上涨，削减了粮食产量；而粮食主要出口国因有利可图而加大了粮食耕种和出口。比如，巴西减少大豆种植面积（大豆使用钾肥量更大）的同时增加小麦种植面积，增加到340万公顷，产量将提升至900万吨。USDA预测，澳大利亚全年小麦出口将创新高，达到2800万吨。欧盟2023年的出口量也将达到3800万吨，同比增长26%，为10年来第二高。印度小麦出口量在2023年3月创下了785万吨新纪录，同比增长275%。

预计2023年的粮食供应产量会有所减少，但还能够达到供需紧平衡。比如，预计小麦产量为7.79亿吨，稍微低于7.87亿吨的总需求量。粮价刺激粮商增加产量，粮食供需压力会有所缓解。价格调节机制是全球粮食连年增产的基础。

二是反市场的力量。从新冠大流行开始，粮食贸易保护主义开始抬头。2022年，继俄乌之后，白俄罗斯、土耳其、匈牙利、印尼、阿根廷都颁布了出口限制性政策。从2月到4月，对食品实施出口限制的国家数量已从3个攀升至23个。就产品贸易总额而言，各国出口限制影响了约35.9%的小麦出口、55%的棕榈油出口、17.2%的玉米出口、78.2%的葵花籽油出口和5.8%的豆油出口。

世界粮食计划署驻华代表屈四喜认为，全球生产的粮食足以养活全球人口，但全球仍有近8亿人吃不饱，因为约有1/3的粮食被损失或浪费，由此造成的经济损失有1万亿美元左右。全球在生产、收获、运输、仓储、加工等零售环节之前的粮食损失约占到总产量的14%，零售、消费环节浪费的粮食约占17%。

真正引发粮食危机的并非供应不足，而是人为破坏了全球粮食市场。战争、制裁及各种人为因素无疑大幅度提高了供应成本，进而抬高了粮食价格。当前，粮食安全的真正威胁是新冠疫情、俄乌冲突、国家冲突、经济制裁、粮食保护主义构成的逆全球化。

那么，我们该如何应对呢?

短期来说，还是得扩大粮食进口。

自2021年开始，中国扩大了粮食进口，大米、大麦、高粱、玉米进口增速都超过50%。这场冲突爆发后，中国转向澳大利亚和北美大量进口粮食。但是，粮食和化肥进口价格上涨，对粮食供应构成一定的制约。海关数据显示，2022年第一季度我国进口肥料243.6万吨，同比下降17%，价值66.7亿元，同比上涨39.7%。

当我们理解了粮食全球化配置的逻辑和逆全球化的危害，我们要做的不是支持逆全球化，而是破除各种壁垒，做大农业市场，深度融入全球化市场，继续利用国际技术和资本提高农业技术和粮食产量。

可能有人觉得，大豆不是主粮，中国可以减少进口，扩大种植面积。但大豆的年需求量与小麦是一个级别的，比大米少一些。大豆进口可谓牵一发而动全身。如果大豆进口终止，中国需要腾出耕地种植大豆。由于中国大豆产出率很低，要满足超过1亿吨的年需求量，将消耗大量的耕地和化肥。如此，三大主粮的种植面积和化肥将减少，进而冲击主粮供应。

如果真正要保障中国粮食安全，建议打破粮食市场的各种障碍：

一是打破农业技术水平上游的育种、化工等竞争壁垒。中国90%的农作物品种是由500多家科研院所培育的。据统计，目前全国市场上有1万多个合法品种，其中有种植面积的仅有3000多个，占30%左右；70%左右的品种种植面积很小，甚至没有种植面积。另外，化肥的上游原料及技术主要由石油系统控制。种子技术落后，以及国产化肥的低效、过度施肥，抑制了中国粮食产量的提高。

二是打破农产品及技术进口限制，加大粮食及农业技术进口。中国加入WTO后一直保留了八种商品的进口国营权，其中包括粮食、棉花、植物油、食糖、化肥五类。

三是深化农村集体土地制度改革，促进资本、技术和人才进入农业和农村。若土地始终无法流转，则资本、技术和人才难以进入农业领域，农业市场难以兴起，抑制了规模经济和生产效率，阻碍了农耕机械及农业技术进步。

很多农民既在城镇打工，又兼顾种少量的地。在这种情况下，施肥用药偏于粗放，大型农耕机械无法派上用场。2018年，浙大谷保静团队调研全国范围内逾2万农户发现，在“打工”与“种地”之间，存在一种预期收入的竞争关系。研究量化分析认为，18亩是一个临界点。耕作面积超过18亩后，农民才觉得专心农业劳动比进城打工更为赚钱。但是，中国的户均土地面积远低于这个规模。

最后，需要注意的是，这次粮食危机还叠加金融危机。美国是唯一一个能源和粮食双出口的发达经济体。美国之外的国家可能遭遇“双核”冲击。美元升值和能源及粮食价格上涨，对美国之外的国家股债汇楼市形成大脉冲，同时对美股也构成巨大威胁。那些能源和粮食自给率低且长期仍继续实施宽松政策的国家，不得不大规模抛售本币，以追逐上涨的美元、能源和粮食。一旦汇率崩溃，立即陷入金融危机，金融危机又会加剧饥荒，如现在的斯里兰卡和黎巴嫩。

越过所谓的宏大叙事，关心个人冷暖与安危，社会才可能变得更好。

参考文献

[1] 地球知识局. 这些国家，粮食危机要来了吗？[EB/OL].（2022-03-18）[2023-01-02]. https://www.sohu.com/a/530783988_440288?_trans_=000019_wzwza.

[2] 大卫 · 李嘉图. 政治经济学及赋税原理[M]. 郭大力，王亚南，译. 北京：译林出版社，2005.

[3] 陆胜斌，顾慧君. 疫情会引爆全球粮食危机吗[EB/OL].（2020-04-01）[2023-01-02]. https：//www.cyzone.cn/article/580780.html.

[4] 彭瑶，吕珂昕. 多重挑战下，如何应对全球粮食安全风险[N/OL]. 农民日报，（2022-05-08）[2023-01-02]. https://baijiahao.baidu.com/s?id=1732268298476098821&wfr=spider&for=pc.

[5] 杨晓东，等. 中国农作物商业化育种现状及发展对策[J]. 农学学报，2014（2）.

[6] GU B Ji. Policy distortions，farm size，and the overuse of agricultural chemicals in China[J]. PNAS，2018.

战争的经济学解释

在农耕时代，游牧民族的铁骑横跨欧亚大陆，饮马多瑙河，生灵涂炭。在地理大发现时代，欧洲人在亚非拉大陆上发动了殖民战争。在自由市场繁荣的20世纪，人类爆发了两次规模空前的世界大战。

自由市场与经济全球化，给人类带来了和平还是灾难？

二战后，在核武器“恐怖平衡”、国际秩序及深度全球化的支配下，世界迎来了长达半个多世纪的和平与繁荣。

如今，经济繁荣终结，全球化退潮，债务危机重重，民粹主义、民族主义及反自由主义泛滥，国家主义、干预主义崛起，世界和平还能持续多久？

本节探索战争与国家、经济、和平的关系，从历史的角度分析当今世界的稳定与和平所面临的挑战。

01 战争与国家

五帝时代，华夏集团中的炎帝、黄帝为了争夺部落领导权，在阪泉兵刃相见。阪泉之战是华夏战争史的开端。

阪泉之战后，华夏部落、东夷部落、苗蛮部落之间展开了旷日持久的原始战争。

《吕氏春秋》中记载："黄帝尝与炎帝战矣，颛顼尝与共工争矣。故黄帝战于涿鹿之野，尧战于丹水之浦，舜伐有苗，启攻有扈，自五帝弗能偃也。"考古学家也证实了五帝时代的原始战争。

原始战争是典型的马尔萨斯式战争。那时正处于新石器时代晚期，磨制石器和腌制技术进步，部落开始存储食物、定居繁衍。

考古学证明，在新石器时代之前每年增加的人口与新石器时代之后每年增加的人口之比为1∶125。人口激增引发人地矛盾，诱发了领地争夺战，打破了"小国寡民""老死不相往来"的原始部落生活方式。

五帝时代的原始战争，加速了华夏国家的诞生。

美国人类学家埃尔曼·塞尔维斯提出"群队—部落—酋邦—国家"的演变路径。华夏国家亦由群队、部落、酋邦演变而来。

国家与部落一个非常重要的区别是，部落是以血缘为核心的社会组织，国家则以疆域为核心。原始战争打破了以血缘为界限的组织，构成了地缘统治。

黄帝取得华夏部落集团的领导权后，进而又征服了蚩尤领导的东夷部落集团。《史记·五帝本纪》中记载黄帝华夏部落集团的疆域"东至于海，西至空桐，南至于江，北逐荤粥"。

国家起源学说有多种，其中战争起源学说似乎比较贴近历史。当代著名人类学家罗伯特·卡内罗认为，战争是国家兴起的主要动力。

出于安全与生存之需，远古人类遵循血缘的原则，让渡出部分个人权利与自由，寄托于政治强人、军事首领之下，形成部落“公共组织”。随着部落战争的扩张，这一公共组织逐渐突破血缘限制，形成区域统治，酋邦及国家则日渐形成。

美国人类学家乔纳森·哈斯认为：“当一个有限区域内所有的社区逐步从属于单一政体时，国家就出现了。”

原始战争催生了国家，也催生了英雄崇拜与集权。

在征服东夷部落集团时，黄帝的身份已从部落首领演化为军事首领。“诸侯咸尊轩辕为天子，代神农氏，是为黄帝”，“天下有不顺者，黄帝从而征之”。用今天的话来说就是，黄帝掌控军事征伐权。

英雄崇拜的结果是权力泛滥。原始战争加速了权力集中，促使部落军事首长的权力向王权演变，从而凌驾于各大小部落之上。

恩格斯主张国家掠夺和剥削理论，他写过一本书叫《家庭、私有制与国家起源》。恩格斯说：“征服者民族的最近的代表人是军事首长。被征服地区内对外的安全，要求增大他的权力。于是军事首长的权力变为王权的机会来到了，这一转变发生了。”

不过，五帝时代处于部落向酋邦过渡的时代，与真正的君权国家还有距离。五帝时代虽然权力逐渐集中，但王权更替依然采用禅让制。尧虽有一个儿子，但却将王权禅让给了舜；舜虽有9个儿子，却将王权禅让给了禹，“至公也”。这就是“大道之行也，天下为公，选贤与能，讲信修睦”。

当时战争频繁，必须推举出德才兼备、能征善战的首领才能带领部落存活。当然，其中也不排除政治斗争，如舜逼尧退位。

到了禹时代，华夏部落彻底征服了苗蛮部落，华夏在中原得以立足，禹的个人威望与权力也登峰造极。

这时天下似乎太平，战争的威胁降低，禹并未采取禅让制交出王权，而是将首领之位传给了自己的儿子启，这相当于将王权私有化了。

启是华夏国家第一位以世袭制而获得王权的首领。继承制的确立，标志着早期华夏国家的建立，从此开启了家天下的帝王统治。

不过，启必须解决一个关键问题：王权合法性。

当时，有扈氏部落反对启继位，维护禅让制，启对有扈氏部落发动平叛战争。“大战于甘，乃召六卿”，王号令三军，“有扈氏威侮五行，怠弃三正，天用剿绝其命，今予惟恭行天之罚”（《尚书·甘誓》）。

“行天之罚”意思是替天行道。启推行意识形态统治，使用“君权神授”来维护其政权合法性。几千年来，历代君王效仿之。

政权的合法性、国家的合法性、战争的合法性是“三位一体”的。

启面临政权合法性问题，不得不以意识形态、“行天之罚”及威逼利诱，将臣民与国家利益捆绑，进而以国家之名义发动战争，维护王权统治。本质上，甘之战是启为了维护政权合法性的王权战争，并非华夏部落与有扈氏部落之间的战争。

与质疑政权合法性的国家爆发战争时，启之酋邦国家始终面临内部的脆弱性。

罗曼·罗兰在大战爆发前敏锐地洞察到：“现在是一个需要保持警惕的时代，而且愈来愈需要警惕。煽起仇恨的人，按照他们卑劣的本性，要比善于和解的人更激烈、更富于侵略性，在他们背后还隐藏着物质利益。”

所以，战争催生了国家，反过来国家又可能成为战争的机器。

02
战争与经济

与中国相比，欧洲国家的形成要晚得多。中世纪及之前的欧洲属于城邦自治式国家。15—16世纪，欧洲开始出现历史大分野，民族国家逐渐出现。

欧洲国家的诞生同样源于战争，一场持续半个多世纪的战争——意大利战争。

东罗马帝国覆灭后，欧洲大陆上的城邦相互征战，试图扩大领地。几乎所有的欧洲大城邦国家都卷入了这场旷日持久的战争。战争加速了法国、西班牙、奥斯曼土耳其、意大利等主权国家的成立，奠定了欧洲国家版图——“三十年战争”后确立的威斯特伐利亚国家体系。

在这场战争中，欧洲一些学者（如柯贝尔）开始思考：“在欧洲诸国关于谁能够取得支配地位的问题上，商业引起了它们以和平方式和战争方式的持续争斗。”

柯贝尔等重商主义者视贸易为战争，他们认为，“商业是国家间永恒的、和平的战争，是精神和工业的战争”，“谁控制了海洋就控制了世界贸易，谁控制了世界贸易就控制了世界帝国，谁成为世界帝国的主人，就控制了世界本身”。

可以看出，重商主义者将商业与贸易定义为侵略手段及掠夺财富的工具。他们主张限制出口，最大限度地创造贸易顺差，赚取巨额外汇。这种“彼之所得我之所失”的主张，很容易成为战争的导火索。

后来，休谟、魁奈等学者大力批判重商主义，进而催生了英国古典自由主义。英国古典政治经济学家们认为，贸易与战争的本质相悖："所有贸易本质都有利益可图，即便对受益最少的一方也有好处。所有的战争本质上都是摧毁我们人类"。

古典自由主义的自信来自斯密的分工及市场学说以及李嘉图的比较优势理论。斯密在《国富论》中专门论述了战争和军队。他意识到劳动分工抑制了战争，职业军队的出现有助于国家稳定。劳动分工及贸易互利，大大增加了战争爆发的成本。

尽管19世纪的英国在世界范围内发动了大规模的殖民战争，但是他们依然坚信，"曼彻斯特主义将终结殖民主义"。

功利主义哲学家、经济学家边沁认为贸易带来和平，而非战争。他说过一句名言："即便征服全世界，你也不能将贸易增加半个便士。"同时，边沁还撰写过一份《一项普遍永久和平计划》，首次提出通过制定国际法来解放殖民地。

1848年欧洲爆发大革命，"曼彻斯特自由主义的宣告人"巴斯夏焦急万分地写下《和谐经济论》。在开篇"致法国青年"中，他呼吁捍卫自由主义，别走把国家引向错误的道路。巴斯夏给法国青年指明方向："社会问题的解决完完全全存在于自由这两个字之中。"

1914年第一次世界大战爆发，大半个欧洲被卷入这场规模空前的战争之中，经济学家们开始对自由主义产生了怀疑。

这场战争是怎么爆发的?

我们先看这场战争的主角——德意志。德意志的崛起远远落后于英法，法国大革命时期，德意志还是一个由容克地主掌控的城邦国家。这个国家的诞生（统一），也源于3次王朝战争。

1862年9月26日，俾斯麦首相在下院首次演讲中就如此斩钉截铁地说："当代的重大问题并非通过演说和多数派决议就能解决的，而是要用铁和血来解决。"

从此，俾斯麦被冠上了"铁血宰相"的绰号。俾斯麦先后策动了普丹战争、普奥战争和普法战争。俾斯麦将战争作为政治的延伸，"弱水三千只取一瓢"，在英法俄三巨头中挤出了一点生存空间，德意志得以独立。

俾斯麦开创的是国家主义之路，这是一把重剑。德皇威廉一世去世后，志大才疏的威廉二世踢开俾斯麦，挥舞起这把重剑，大开杀戒。

俾斯麦在卸任之前写了五大对外战略，其中第一条就是："放弃在欧洲任何形式的扩张，包括在海外殖民地"。威廉二世却不以为然，甚至四面树敌，扩张海军挑衅英国，插足摩洛哥挑衅法国，干涉巴尔干半岛挑衅俄国。

1914年6月28日，奥匈帝国皇储费迪南大公在萨拉热窝遇刺身亡。同盟国皇储被刺杀，威廉二世鼓动奥地利立刻"和塞尔维亚来一场最终的、彻底的清算"。最终，事态失控，德国同时对俄、法、英、美、意宣战。

德军总参谋部制定了双线作战、速战速决的施里芬计划，这一豪赌式的作战计划后被希特勒继承。

那么，一战是不是自由主义的失败？

英国自由主义者的乐观主义让欧洲失去了警惕。面对威廉二世的步步紧逼，欧洲的精英们只是对着报纸发几句牢骚，接着拿起咖啡继续享受美味的下午茶。

英国人可能不知道，德国经济学家完全不相信英国古典自由主义这一套。当时，德国历史学派在国内占据了绝对的统治地位，他们认为，英国政治经济学不具有普遍性，反对自由贸易。他们认为国家斗争不能归纳、约化为经济竞争，将国家斗争永远摆在第一位，强调个人福利、经济手段服务于国家目标。

英国学者普遍认为第一次世界大战是“德皇的战争”，而不是自由主义的战争。不过，这场战争动摇了经济学家对自由主义的崇拜，其中包括马歇尔的得意门生庇古与凯恩斯。

1921年，庇古撰写了《战争经济学》一书。他在书中延续了福利经济学的思想，认为自由主义无法避免战争，只能用转移支付的方法——将富人部分收入转移给穷人，以减少国民福利的牺牲。

一战后，美英法等国齐聚巴黎凡尔赛宫试图瓜分德国。当时，英国经济学家凯恩斯作为英国财政部首席谈判代表，反对对德国的过度制裁，以免激发德国民族主义者的反抗。但被与会者漠视，凯恩斯愤然辞去了和会代表职务，然后撰写了《和约的经济后果》，引起巨大争议。

他在书中焦虑地写道：“在我落笔之时，俄国布尔什维克革命正如火如荼地进行着，而中东欧的人们则陷入到了令人感到可怕的麻木状态……仰天长问！人们忍耐的限度还有多少，最终从哪个方向来寻求脱离苦海，谁人可以为此作答？”

结果，正如凯恩斯所料，战后德国经济崩溃，爆发通货膨胀，民不聊生，民粹主义、民族主义、种族主义及国家复兴主义沸腾，纳粹党领袖希特勒在德国民众的簇拥下登台，二战日益迫近。

德国历史学派主张“德国特殊论”，与希特勒的种族优越论不谋而合。新历史学派代表维纳·桑巴特，写了一本关于德国社会主义的书，赞颂希特勒是从上帝——宇宙的最高元首——那里得到了指示，而且元首的话就是永恒的启示。

当时的德国，理性的言论及客观的描述被认为是刺耳的、卖国的，自由贸易及对外开放被贴上投降主义的标签，公共的广场被民族主义者及纳粹主义者的噪声、喧嚣及反智言论所占领。

从一个因战争而诞生的民族国家，到抑制战争的法治国家，这个距离或许是几个世纪，这个代价或许是生灵涂炭、文明罹难。

03
战争与和平

人类千万年的历史，是被战争统治的历史，更准确说是被意识形态战争统治的历史。

奥地利经济学家米塞斯，亲身经历了两次世界大战。在一战中，米塞斯在东部战场中艰难地生存下来。战后，他撰写了《民族、国家和经济》一书，认为顽固的民族对立情绪驱使本国卷入这场战争。

二战爆发前，米塞斯在学术上一直被德国历史学派排除、打压。作为犹太裔学者，他遭到纳粹的迫害而逃亡瑞士，后辗转抵达美国。

米塞斯对战争的体悟是极其深刻的。在逃往美国的路上，米塞斯写下了一本充满愤怒情绪的回忆录。他眼看着自己的国家被纳粹德国侵占而无比沮丧。在与国家主义、集权主义持续斗争的20年里，米塞斯感到遗憾的是，自己并非过于好斗，而是过于妥协。

米塞斯痛斥德意志精英缺乏气节与勇气，“当马克思主义风行一时，他就表示自己信仰马克思主义；当希特勒执掌大权，他就撰文宣称元首受命于天”，“与这些人相处久了，我就开始明白，德意志民族已经无可救药了；这些平庸的蠢人已经是千挑万选的精英分子”。

在米塞斯看来，跪舔权贵的德国精英以及民族矛盾不可调和的“蒙塔涅教条”，必须为这场灾难负责。这种精英及“蒙塔涅教条”富有生命力，他们轻言战争，鼓吹“修昔底德陷阱”。

米塞斯认为，导致了两次战争和失败的侵略性的帝国主义、20年代早期不受约束的通货膨胀、政府控制的经济和恐怖的纳粹政权，都是按照历史学派的鼓吹者的教导行动的政客的成就。

与德国精英相反的是，米塞斯定义的“和谐论者”，即古典经济学家以及追随他们的古典自由主义者。

1949年，米塞斯在集大成之作《人的行为》中专门论述了人类的“和平之路”。

他写道：“自由主义的目的，在于建立一个保障社会合作顺利运行和社会关系不断强化的制度。它的主要目标是要避免武力冲突、避免使社会解体，把人民抛回到原始野蛮状态的战争与革命。”

米塞斯所表达的自由主义包含两层意思：一是民主政治，二是自由贸易。二者皆可抑制战争。

民主政治解决的是前文政权合法性的问题，使个人、政府与国家“三位一体”，化解了维护政权合法性之战争的风险，以及民众沦为炮灰的风险。“它提出一个方法，使政府得以适应大多数的意志而和平调整。”

自由贸易对战争的抑制是显而易见的。自由贸易带来的财富增量及流通可抑制战争，而集权垄断、国家主义制造的权力与财富集中往往是战争的源泉。我们很难想象，如果没有全球化自由贸易，当今世界各大洲的人类不期而遇，会爆发怎样的冲突。

例如，嫉妒之心，人生而有之。在农耕时代，嫉妒、仇富之心为何不可调和？国王、贵族与地主垄断权力及土地，世代承袭，社会积蓄着“斗地主”之怒火。在自由贸易体系中，交易促使财富流通，他人越富，购买力越强，自己越可能富有。前者嫉妒、仇富，后者相互帮衬。自由贸易抑制了从嫉妒、仇视、冲突到战争的演变路径。

自由贸易是自发秩序，全球化是个人与个人之间的全球化。贸易互利及个人利益深度渗透，大大增加了战争成本。米塞斯认为，一旦认识到奴役敌人比杀死敌人更有利，那就意味着“已想到了战后的和平”。

“奴役，就大体上讲，可以说是走向合作的预备步骤。”从战争到奴役，从殖民战争到商品输出，从殖民地到自由贸易区，人类一步步走向了和平。这个过程既有血腥斗争，也受经济规律支配，即战争的成本远远大于贸易的交易费用。

缺乏自由贸易基础的谈判、和平条约及国家同盟是不可靠的，缺乏个人贸易、深度协作而只靠国家贸易的国际关系是脆弱的。如朝美没有经贸基础，二者的谈判与协议易受个人意志与权力更迭而改变，朝韩关系亦反复。

再看二战前，“最有侵略性的国家俄国、意大利和日本，都不是资本的输出国”，德国的战争驱动力来自国家主义与民族主义，“没有对外投资的自由，只好诉之于战争”。

所以，民主政治和自由贸易对战争的抑制，都源于与个人意志相对立的多数人的秩序。民主政治和自由贸易之下，同样会爆发冲突与战争。因为交易费用的存在，当交易费用高到一定程度时，两国间便可能爆发战争。

一个君王统治的国家，比多数人统治的民主政体的国家更易爆发战争；两个没有任何贸易关系的国家，比两个有深度贸易合作关系的国家更易爆发战争；一个国家主义的国家比自由主义的国家更易爆发战争。

反过来看，任何阻碍自由贸易、增加交易成本的行为，都是在给潜在的战争增加燃料。米塞斯警告说："干涉主义孕育出国家主义，经济国家主义孕育出黩武精神。"

二战期间，欧美国家的经济军事化、国有化，政府权力获得空前扩张。二战后，保卫英国的功勋人物丘吉尔居然在竞选首相时落败。富有自由主义精神的英国人，选择抛弃这位政治强人，回归个人与生活。

丘吉尔只能无奈地说："我的战争正是为了捍卫人民拥有罢免我的权利。这就是我维护的民主。"

二战后，民主制度解决了在战争中强化的国家主义，这是历史的进步。20世纪70年代欧美爆发滞胀危机，美国放松了经济管制，英国将全部国有企业私有化，自由主义崛起。

二战后的半个世纪里，核武器的"恐怖平衡"和经济全球化给世界带来前所未有的和平，欧洲各国摒弃仇恨，让渡主权，走向一体化。

然而，这一和平与美好的全球化背后是畸形失衡的经济结构。人为因素及国家制度制造了市场失灵、财富失衡与金融危机。

例如，人为垄断的主权货币及货币泛滥，推高资产泡沫，同时有效需求不足。又如，资本在全球自由逐利，而国家制度却阻碍劳动力流通，导致资本与劳动的收益日益扩大。再如，低廉的资本利得税和苛刻的工薪税，进一步扩大了贫富差距。

《债务危机》一书曾提到，人为因素及国家制度导致的全球化失衡，导致富人通胀、穷人通缩，由此造成世界经济衰退、动荡、萧条，长期形成“低通胀、低增长、低利率、高泡沫、高债务”之局面。

世界似乎又回到当年马克思提出的问题，正如大萧条所面临的困境——国家制度撕裂全球化—通缩（穷人越穷）—财政及货币扩张—通胀（富人越富）。

国家一次次地拯救危机，一次次地强化国家主义——财政、货币、贸易及大型企业的控制权，一次次地破坏自由市场及经济全球化；政治力量正在使用庇古的方法，印刷货币以购买选票与人心，进一步将债务泡沫推向深渊，民粹主义、民族主义、反自由主义波涛汹涌……

有人说，不能将国家问题、政治问题简单化、经济化。国家与政治问题并不复杂，刻意将其复杂化、模糊化，这不正是历史学派当年干过的事情吗？如果没有充分的自由的深入的全球化合作，就连民主政治都可能选举出希特勒。

自由市场衰落，经济全球化倒退，人类将离和平越来越远……

参考文献

[1] 刘永军. 原始战争与华夏国家起源[D]. 黑龙江：黑龙江大学，2004.

[2] 弗里德里希·恩格斯. 家庭、私有制与国家起源[M]. 北京：中共中央马克思恩格斯列宁斯大林著作编译局，人民出版社，2018.

[3] 雷蒙·阿隆. 和平与战争[M]. 朱孔彦，译. 北京：中央编译出版社，2013.

[4] 凯恩斯.和约的经济后果[M]. 张军，贾晓屿，译. 北京：华夏出版社，2008.

[5] 路德维希·冯·米塞斯. 米塞斯回忆录[M]. 黄华侨，译. 上海：上海社会科学院出版社，2015.

[6] 路德维希·冯·米塞斯. 人的行为[M]. 夏道平，译. 上海：上海社会科学院出版社，2015.

历史观

历史，如明镜，可自省，可鉴世。读史，有清风拂面、豁然开朗之感。

而经济学视角下的历史，就犹如一条曲幽小径，绿意盎然，趣味丛生。以经济学逻辑探寻历史，有时能从另一维度给文化史、社会史、政治史以映照、解读。

致敬保罗·沃尔克：半世风云，一蓑烟雨

1982年2月1日，星期一，下午2点，美联储主席保罗·沃尔克坐在办公室，眼睛盯着桌上放置的那盒50美元的帕特加雪茄烟若有所思。

再过半小时，当年首次联邦公开市场委员会会议就要开始了。身为美联储主席，沃尔克必须理清思绪，在会上说服委员提高利率。

自从1981年12月以来，货币供应量大增15%，这让美联储委员会大为吃惊，沃尔克也深感困扰。上任2年多来，沃尔克不但没有把通胀压下去，还导致经济深度衰退。此时的沃尔克和美联储，可谓命悬一线。

二楼会议室，委员们悉数到场，都坐在一张花心木和黑色花岗岩制成的巨大椭圆形办公桌前，沃尔克最后一个进来。

与往常会议不同的是，这次委员们没有怎么争论，发言也不多，会议中途甚至沉默了很长一段时间。大家都在等待沃尔克的表态。这种沉默着实让人感到压抑、恐慌。

最后，明尼阿波利斯联邦储备银行行长杰拉德·科里根打破了沉默，并表态："国会和白宫似乎都表达了当前需要调整货币政策的信号……但我认为这样做的风险在于，美联储的信誉会受到更大

打击。这会给外界一种印象，美联储又在压力面前卑躬屈膝了——每个人都会说：‘他们过去总是屈从，而且未来仍会屈从’。”

沃尔克紧接着说：“我们不能为了提高信誉而提高信誉……要是谁能说服我——让我放弃现在的决定，并告诉我做出改变是对的——我就会接受建议。”

最终，委员们投票决定在1982年第一季度“不再增加货币供应”，并将联邦基金利率提高到14%。

漫长的会议刚结束，安保人员就过来通知委员们暂时不要离开议事大厅，因为大楼的门被人用拖拉机堵住了。一群来自俄亥俄州的农民开着拖拉机到美联储门前抗议示威，要求沃尔克下台，撤销美联储。

事实上，这种言论沃尔克几乎每天都能在报纸上看到。毕竟这个时期，美国正在经历大萧条以来最糟糕的时刻，经济深度衰退6个月，失业率飙升至8.6%，大量工厂倒闭，大量工人农民失业。导致这一局面的出现，身为美联储主席的沃尔克责无旁贷。

不仅农民，一些议员、经济学家、华尔街大佬、记者、工人都对沃尔克咬牙切齿。众议员亨利·冈萨雷斯威胁要弹劾沃尔克：“突破良心底线，让高利贷行为合法化。”

里根对沃尔克持续提高利率也颇为不满，这将在很大程度上影响他连任。

里根经济政策协调委员会此前还起草了一份报告，建议撤销美联储。报告成员包括大名鼎鼎的经济学家舒尔茨、弗里德曼，众议员肯普，花旗银行董事长里斯顿，以及后来的美联储主席格林斯潘。弗里德曼多次公开表态，用一台计算机代替美联储。

民主党参议员劳顿·奇利斯在国会上当着沃尔克的面直截了当

地说："我们将不得不把美联储理事会整个取消……与削减赤字相比，将美联储体系斩首是很容易的事情。"

沃尔克极力争辩："对美联储实施斩首就好比射杀信使，对任何人都没有任何好处……没有了头脑的美联储只能四处乱撞，而你们原来的问题却一点也没有得到解决。"

每个人都大笑不止，除了沃尔克自己。

这就是当时沃尔克所面临的情形。

但今日，世界对沃尔克的评价不再是当年的"那个该死的疯子""赌徒"，而是"美国的英雄""金融巨人"。曾经的批判者、凯恩斯主义者罗伯特·索洛称他是"美国历史上最伟大的美联储主席"。格林斯潘称赞他是"过去20年美国经济活力之父"。

抗击通胀，掌控好"货币的闸门"，不仅需要智慧，更需要正义良知以及"与世界为敌"的勇气。沃尔克就是当年那个"与世界为敌"的巨人。那些赞誉之词，反而容易掩盖了这位90多岁高龄的老人，在漫长的联储生涯及公职事业上所经历的孤独、无助与悲伤。

沃尔克，这位身高超过2米、下巴宽松的"六朝元老"，先后被6位总统——3位民主党人，3位共和党人委以重任；一生历经布雷顿森林体系和美元危机、20世纪70年代滞胀危机、2008年金融危机3次危机。每一次危机，他都敢于说"不"：对金本位说不，对通胀说不，对金融投机说不。

当年，沃尔克亲手关闭黄金兑换窗口，终结金本位，将无锚货币放虎归山，推动人类经济进入浮动汇率时代；10年后，他又化身为孤胆英雄生擒通胀猛虎。

沃尔克刚正勇猛，留下一句句振聋发聩的警句，"一点点通胀也是危险的”，“银行唯一有用的革新就是发明了自动取款机”。阅读一人，如读一史。

01
戴维营会议

1971年，美元，风雨飘摇。

8月15日，星期日，午夜12点，沃尔克在安德鲁斯空军基地登上了一架早已在跑道上等候的改装军用运输机。沃尔克在巨型运输机的机舱里，头脑还在回忆周末那场疾风骤雨式会议的一幕幕场景。

沃尔克有些不敢相信，在这场高度机密的会议中，总统尼克松、美联储主席伯恩斯、财政部长康纳利、劳工部长舒尔茨和自己5个人，刚刚做出了一个改变美国国运以及世界格局的决策。甚至这事连国务卿都一无所知。

更让他感觉忐忑不安的是，这一决策的技术方案是他提供的，而他不能确定接下来会发生什么，欧洲各国会有什么反应。他唯一确定的是，一场全球性的经济恶战即将开打。

沃尔克一直因没能参加二战、保卫国家感到遗憾，一直渴望一份公职能够为国效力，如今他如愿以偿——他正在财政部副部长的位置上，就像二战时期的巴顿将军一样，坐在飞往欧洲的军用运输机上，正式开启与欧洲财政部长们的作战征程。

此时的沃尔克还不是美联储主席，也不是曾经的大通曼哈顿银行的远景规划总监。早在一年多前，即1969年1月20日，他入主了白宫财政部二楼拐角办公室，被总统任命为主管货币事务的财政部副部长。这是一份他梦寐以求的公职。

沃尔克站在窗前，望着宾夕法尼亚大道上庆祝新总统尼克松就职的车队缓缓前行。此时，他脑中闪现的是父亲的诫勉之言：公职意味着神圣的信任。沃尔克试图沿着父亲的脚步，把美国从岌岌可危的金融旋涡中挽救出来。

此时，布雷顿森林体系摇摇欲坠，正在朝着特里芬教授在9年前所说的“特里芬难题”奔去。美元贬值压力越来越大，美国国库中大量黄金被兑换走。作为一名布雷顿森林体系的拥护者，沃尔克明白黄金意味着什么，美元稳定代表着国家信用。他深刻地记得那些“责任之词”：

“维护价格稳定是社会契约的应有之义。我们给政府印钞的权利，是因为我们相信经选举出来的官员不会滥用职权，不会过度发行美元使之贬值，会让美元与黄金等价。如果我们不信守诺言，就破坏了他人对美国的信任，而信任是一切中的一切。”

就任次日，国务卿基辛格就给他发来了一封奇怪的贺信，名称叫《第7号国家安全备忘录》，页眉页脚都打着“秘密”字样。上面写着：“总统已经指示成立一个永久性的工作小组，你被任命为该小组组长，必须在2月15日之前向国家安全委员会提交关于美国国际货币政策以及实施的报告。”

收到这封“贺信”，沃尔克感觉不快，因为他觉得货币事务应该向财政部长直接汇报，而不是主管国家安全事务的基辛格。不过，他很快明白了，此时美元即国际事务，也是国家安全。

沃尔克记得，早在肯尼迪政府时期，欧洲国家就指责美国国际收支失衡，要求美元贬值。肯尼迪则以削减军费加以回应，“如果欧洲不承诺停止攻击美元的国际地位，美国就将削减对欧洲的军事援助”。在美国看来，削减对欧援助，美国随时都能够平衡国际收支。

当年输向欧洲的“电星号”卫星信号突然中止，《纽约时报》就发出警告之言：“正好给欧洲人一点时间思考一下：他们是需要美国的枪支和美元，还是都不需要。”

但是，作为一名技术官僚，沃尔克非常明白，靠金融外交家的嘴皮子是打不赢这场硬仗的。擅长统计和数据分析的他最清楚美国国库还有多少黄金，还能撑多久，贬值到多少才能渡过难关。

虽然沃尔克不想让美元贬值，但是父亲办公室铭牌上的一句华盛顿语录——“不要听任你的善良本性”，一直告诫着他，解决问题比固守理论和善意更重要。1965年，法国总统戴高乐将法国存放于纽联曼哈顿下城总部大楼地下室金库价值4亿美元的黄金，转运回了巴黎的法兰西银行。当时，美国财政部只剩下不到20亿美元的黄金，不到美国对外偿付义务的15%。

就在一年前，在大通银行的办公室，沃尔克眼看着投机商大肆地攻击美元，虽然自1960年10月开始此情此景他已经历过无数次，但这次凶猛的攻击导致整个系统陷于瘫痪。当“每盎司黄金35美元的神圣价位”被大幅度突破时，他想起了肯尼迪捍卫美元的国家誓言，使劲地做着吞咽的动作，试图抑制住眼眶里的泪水。此时，他就已经明白，美元已经守不住了。

如今，当决定美元命运的大权交到了他手上时，沃尔克很担心自己将葬送这个国家的信用。

1969年6月26日，星期四，白宫内阁室，国务卿、国家安全顾问、美联储主席、总统经济顾问、财政部长悉数到场，沃尔克站在总统面前负责汇报过去5个月的工作情况。

尼克松总统擅长外交、政治，对金融可谓一窍不通，他甚至认为“美元问题是不费吹灰之力就可以轻松搞定的”。沃尔克了解总统不会事先阅读已提交的那份长达48页的《国际货币事务基本选择》备忘录。

为了让这位新总统能够尽快理解问题的严重性，沃尔克命人制作了一张黄金官价涨势图。图上显示，当时黄金官价已经从35美元翻番涨到了70美元。如此形象的视觉冲击，让尼克松立即有一种紧迫感。

紧接着，沃尔克提出了一个应急方案：中止美元兑换黄金。他说：“中止兑换的主要目的和潜在的好处是，阻止我们黄金储备的流失……增强我们的谈判优势……迫使外国要么被动持有美元，要么让本国货币逐步升值。”沃尔克认为，只要美元还能保持合理的价格，外国人愿意持有美元。美元本位可以取代黄金本位，只要美国能履行自己的义务。

最后，沃尔克将美元问题提升到尼克松感兴趣的外交实力上，他把这项工作说成是确保“美元作为居于世界领导地位的储备和交易货币的关键地位”。

尼克松听完默契地向叼着烟斗的伯恩斯眨了眨眼睛。伯恩斯是一位老教授，曾是艾森豪威尔总统的经济顾问主席，现任尼克松的经济顾问，后接任了马丁的美联储主席一职，尼克松对他信任有加，经济大事必问伯恩斯。

不过，伯恩斯是布雷顿森林体系的拥护者，无论如何也不会同意沃尔克的方案。他清了清嗓子带着教授的口吻告诫：“不管我们做什么，都不要有浮动汇率的浪漫想法。太多历史教训告诉我们，汇率的波动……会导致国际政治动荡。”

听完伯恩斯的发言，尼克松显然有些举棋不定，没有当场表态，“很好，请及时告诉我，我们所处的形势”，然后结束了会议。

当大家起身离开时，沃尔克贴近上司财政部长耳语道：“我猜我们的政策被默认同意了。”

但是，1969年下半年发生了几件令人难以置信的事情。一是阿姆斯特朗登月；二是纽约大都会队居然以1%的概率获得了职业棒球大赛冠军；三是黄金的价格在年底居然跌到了每盎司34.9美元。

但是，沃尔克很清楚这只是昙花一现，他在备忘录里写下，美元危机即将在6个月之后到来。果不其然，沃尔克可谓神预测，正好6个月后，即1971年5月第一个星期，黄金价格突然快速飙升，电光石火间大幕正式拉开。

《纽约时报》1971年5月5日的头版文章写道：“欧洲金融中心遭受了两年来最猛烈的货币投机狂潮折磨。持有大量资金的公司、银行及各方都把不需要的美元换成德国马克……或其他坚挺的欧洲货币。”

这天早晨，德意志银行在上一日购买10亿美元的基础上，再购买了10亿美元，然后决定不再从事货币操作。瑞士、比利时、荷兰和奥地利央行马上跟进，关闭了本国的外汇市场。一些在欧洲的美国游客颇为尴尬，他们无法在日内瓦的洲际酒店支付账单，因为酒店拒收美元，而这酒店又是美国人开的。

此时，沃尔克正在财政部二楼办公室里，焦躁不安地来回走动。他的办公桌上摆满了显示危机升级信息的各种电讯。可能过于紧张的缘故，他频频内急，上洗手间的频率达到令人担忧的程度。沃尔克最欣赏的一位律师的办公室正巧在他楼下，他多次对沃尔克说，我总能根据上面厕所冲水的频率来预判危机是否到了紧要关头。

5月的第二个星期，有4亿美元的黄金从美国流出，美国的黄金储备已经达到了自二战以来的最低点。

黄金告急，沃尔克已经意识到布雷顿森林体系时日不多，为了保卫美元，总统必须尽快行动、果断决策。于是，他起草了一份政策要点手册。为了防止泄密，他假装做了三份计划，A部分是包含大量虚假信息的假计划；C部分是真正的计划，标有12个模块，开头便是“中止黄金兑换”，还包括“国际收支控制”等；B计划故意省略，以迷惑敌方。

沃尔克的上司负责催促尼克松尽快决断。此时的财政部长是约翰·康纳利，他曾经是肯尼迪总统时期的海军部长，对财政金融知之甚少。他上任之后，把专业性的货币事务都交给了沃尔克来处理。不过，康纳利是一位非常出色的政治表演家，他长袖善舞，擅长外交辞令、捕捉人心。康纳利凭借非凡的表现力说服了尼克松采取行动。

8月12日，星期四的早晨，从法兰克福、伦敦、东京和米兰传来报告，投机商已迫使德国马克兑换美元升至20多年来最高位。沃尔克感到一丝绝望，立即向总统汇报。同时，他打电话告知尚在得克萨斯州农场度假的康纳利财政部长，着急地说：“我觉得您最好尽快赶回来。”

当天下午，尼克松找来舒尔茨说：“我们还没完全准备好。为了让每个人都做好准备，我们必须去趟戴维营。决策由你、康纳利、伯恩斯和我来下达。我们知道康纳利可能会带上沃尔克……但我对沃尔克不那么有信心。”

所幸的是，当天下午5点30分，康纳利下了飞机直奔白宫，在老行政楼与总统、舒尔茨碰头。康纳利的意思是，应该听听沃尔克的意见，毕竟他是专业的。尼克松说：“沃尔克认为我们应牺牲国内经济来拯救美元，但我不想这么做。”

康纳利听闻此言立即解释说：“哦，我不是这么认为的，我肯定沃尔克也不是这么想的……”

尼克松打断了康纳利，用清晰、权威的声调说：“我们应该立即实施一整套方案，下周一即宣布。我们明天下午去戴维营讨论。为确保安全保密，参加的人越少越好，我们3个参加，当然，确保麦克拉肯、阿瑟必须参加。”

尼克松顿了一下，然后来了一个单脚着地的漂亮转身，“约翰，你带上沃尔克”。

这个漂亮转身，改变了沃尔克一生。

8月13日，星期五下午，总统休假寓所马里兰州凯托克廷山的戴维营，总统安排好了会议的每一个细节，就连会后合影环节都有详细的指南。极度注重细节的尼克松明白，他们正在酝酿一场历史巨变。

会议持续了3天，会上的争论异常激烈，总统就像裁判在听在问。其中最为精彩的是，沃尔克和康纳利联手，与伯恩斯就中止兑换黄金进行论战。

此时，伯恩斯被任命为美联储主席，但他还是坚持原来的观点。伯恩斯直截了当地说：

“关闭黄金兑换窗口，沃尔克和康纳利可能觉得他们在做正确的事，但我觉得他们错了。我们正在采取激进的步骤……关闭黄金兑换窗口存在巨大风险。首先是政治风险……苏联的《真理报》已经用头条报道说这标志着资本主义的垮台。其次是经济风险……世界贸易将受到打击。外国出口商将施压本国政府采取行动……”

康纳利插话说：“也就是说，别的国家不喜欢，那又怎么样呢……我们总不能为了取悦他们而眼看着自己走向破产吧。”

伯恩斯反驳道：“他们会报复我们的。”

紧张的气氛让沃尔克感到有些局促不安，他用温柔的语气说道：

“我也反感这么做。迄今为止，我毕生都在捍卫布雷顿森林体系，但是我觉得调整是必要的……我们这样难以持续下去。我们关闭黄金兑换窗口之后，并非坐视不管。我们需要与外国谈判，形成新的汇率机制，修补这个有问题的体系，现在是一个机会。”

麦克拉肯出来打圆场：“关闭黄金兑换窗口，公众的反应肯定是负面的。但从另一方面来看，人们也会把这当作冻结工资和物价这一强硬措施的组成部分。”

或许尼克松并未如沃尔克那样深刻地意识到关闭黄金兑换窗口的重要性，但他非常清楚地认识到，他必须有所行动，而且是要打一整套组合拳，绝对不是被动、被迫行事。在这次会议上，他答应了包括关闭黄金兑换、提高10%进口关税、管控物价、干预劳资谈判在内的一连串组合政策。

会场上，除了康纳利，没有人完全同意同时推出一整套组合。后来的历史证明，管控物价和干预劳资谈判都是昏招，而提高10%的进口关税最后成为外汇谈判的重要策略。

戴维营会议整整开了3天，8月15日晚上会议结束。尼克松总统在当晚对全国发表了长达20分钟的讲话，提出“新经济政策”，向全球宣布美元与黄金脱钩，关闭美元兑换窗口。

8月16日，星期一，纽约交易所股票大跌3%，外汇市场一片混乱。在伦敦，早晨希尔顿酒店按2.6美元兑1英镑，每个人的兑换上限为50美元，到了晚上却变成了2.8美元兑1英镑。在米兰，来自纽约的劳伦斯·古尔德博士夫妇发现，在这里1美元连1支甜筒冰激凌都买不到，幸好他们手上还有足够支付回家费用的外币。

此时，沃尔克已经在欧洲，穿梭于各大金融中心，向各方解释美国的政策立场。巴黎的报纸，将一张沃尔克与法国财政部长德斯坦并肩而立的照片放在头版。沃尔克在巴黎著名的克利翁大酒店获得皇家礼遇，酒店给他预留了戴高乐曾经住过的房间。《纽约时报》驻巴黎记者将沃尔克称为“总统的货币特使”。

这是沃尔克公职生涯中第一个高光时刻。这次欧洲征程，也促使沃尔克从一位纯技术官僚向金融外交家转型。

向欧洲各国解释完政策后，11月29日的十国集团财政部长会议才是真正的交锋之战。十国集团采取轮值主席制，当时康纳利正好是本次会议的主席。各国财政部长和央行行长依次坐在华丽的长方桌前。沃尔克作为美国首席代表，紧挨着坐在康纳利右侧。

这次会议上，康纳利尽情地发挥了他作为一名杰出金融外交家的才华。他时而夸赞本次会议场所——罗马科尔西尼宫在西方文明中价值不菲，时而督促在座各位为构建一个全新的国际合作体系而激情奋进。在烟幕弹放得差不多时，康纳利示意沃尔克可以抛出问题了。

沃尔克放下雪茄一字一句地说：“好吧，不妨假设，只是假设，我们愿意讨论动一动黄金的价格，如果我们把金价提高10%或15%，你们会怎么做？”

康纳利打断了他："好，问题提出来了。让我们先假定10%。你们怎么回应？"

沃尔克故意把幅度说大一些，这样谈判有回旋余地，他清楚法国最多只接受美元对法郎贬值5%~6%。不过，这时沃尔克希望让谈判老手康纳利来主导。

接下来的一个小时，会场没有人说话。各国央行行长都在默默地抽烟，沃尔克也抽起了他那10美分的雪茄。财政部长们眼睛盯着脚上的鞋子看，抑或是欣赏房间墙上的古罗马名画。

突然，德国财政部长卡尔·席勒率先打破了冷场，他清了清嗓子表态，德国可以承受美元贬值10%，"再贬值若干百分点也可以"。事实上，德国央行曾向美联储承诺过，只要美国继续为欧洲提供防卫，避免德国遭到苏联的入侵或渗透，德国确保不会向美国财政部兑换黄金。

接着其他国家纷纷表态可以接受美元适当贬值，唯有法国财政部长德斯坦保持沉默。因为他清楚，下周法国总统蓬皮杜和尼克松将会晤，那时才是谈判最终决断时刻。

在这次会议上，康纳利说出了那句高傲的名言："美元是我们的货币，但却是你们的难题。"

不过，法国显然对此表示不满。两国总统会晤时，在金融方面在行的蓬皮杜抛出坚决"埋葬"美元作为储备货币的观点。尼克松不懂经济但擅长政治，他利用1972年2月访华计划、5月莫斯科之行给对方施压。经过两天的讨价还价，尼克松用取消进口附加税作为交换，法国同意将法郎对美元升值8%。

12日18日，在康纳利精心安排下，各国在史密森尼学会古堡的公共会议室里签署了著名的《史密森协定》。该协定规定，每盎司黄金官价从35美元提高至38美元，美元对各国货币贬值；黄金继续冻结。

《史密森协定》标志着布雷顿森林体系正式解体。沃尔克亲手埋葬了他一直坚持的固定汇率体系，将人类历史推进到浮动汇率和无锚货币时代。

在闭幕会上，尼克松突然出现，将庆祝气氛推向高潮。他称赞《史密森协定》开创了国际金融的新时代："我代表十国集团财政部长和央行行长，非常荣幸地宣布，世界历史上最重大的货币协定成功诞生了。"

沃尔克站在总统旁边心想："我真希望它能挺上3个月。"因为沃尔克通过计算得出，美元至少贬值15%这个体系才能维持运转。

1972年2月4日，《史密森协定》签署才一个半月，在自由市场上黄金价格已经突破了每盎司50美元，涨幅达15%。此时，一份来自法国总统蓬皮杜致尼克松的抗议信被送到沃尔克面前征求意见。

事实上，美元持续贬值还有一个重要原因是美联储主席伯恩斯实施了糟糕的宽松政策。尼克松为了能够连任，给予伯恩斯明示："我不希望太快告别首都华盛顿。"就在《史密森协定》签订前夕，伯恩斯答复总统："请您知悉，我们今天将降低贴现率。"

此后两年时间，沃尔克一边跟美联储博弈，一边频繁地飞往欧洲及日本一次又一次地谈判。1972年6月22日，星期四，沃尔克在众议院银行和货币委员会作证时，出乎意料地提出了浮动汇率方案。

1973年2月7日至11日，沃尔克在短短4天时间飞行了5万公里，从华盛顿飞到东京、巴黎、伦敦、波恩等，与各国财政部长谈判，完成了所谓的环球之旅。2月12日，星期一，新任财政部长舒尔茨（康纳利此前已辞职）宣布美元对黄金贬值10%，即每盎司黄金官价从原来的38美元提到42.22美元。但在自由市场中，金价已经涨到了68.95美元。

3月，在巴黎的一次会后，一向主张固定汇率的美联储主席伯恩斯私底下批评舒尔茨和沃尔克把汇率市场搞砸了。沃尔克有些不满，转过头对着这位美联储主席说："阿瑟（伯恩斯），如果你希望有一个平价（固定汇率）体系，你最好马上打道回府去紧缩美国货币。"

在当天美国驻巴黎使馆举行的记者会上，舒尔茨公布了一项新计划，即德国、法国等主要欧洲国家货币联合起来对美国浮动。这显然是欧元的公测。一位记者问舒尔茨："财政部长先生，这对美国的货币政策意味着什么？"

舒尔茨考虑到这一问题应该由美联储回答，于是把麦克风交给了伯恩斯。伯恩斯狡猾地说："美国的货币政策不是在巴黎制定的，而是在华盛顿。"

媒体对伯恩斯教科书般的外交辞令大加赞赏，但沃尔克却感到十分失望。

他认为，"我们处在美国经济历史的转折点。美国的通胀正在上升，国际货币体系也将风雨飘摇。伯恩斯拒绝在制定国内货币政策时考虑国际因素，这是不对的。我们忽视了美国作为国际交换媒介托管人的责任。这份责任与我们在国内控制货币发行和信贷扩张的职责是一致的。我敢说，按照'华盛顿制造'的闭门思路去制定货币政策，是一个错误的决定"。

今天这句话依然振聋发聩。美元浪潮冲击全球市场，法定货币作为国际货币，不考虑国际因素，这显然是一种只顾自家纸醉金迷，不管别人洪水滔天的行为。

1974年4月8日，星期一，在舒尔茨宣布辞去财政部长职务3个星期后，沃尔克却辞去了财政部副部长一职。当时，美国受第一次石油危机冲击，已经陷入了典型的高通胀、高失业、低增长滞胀危机。尼克松“水门事件”持续发酵，尼克松政府、美元以及全球金融体系摇摇欲坠。

沃尔克深知，要拯救美国，必须解决美元危机；但除了美联储，任何人都无法挽救美元。

02
温柔的巨人

沃尔克辞职的消息一传出，曾任美国财政部长的亨利·富勒就拉他进高盛一起做合伙人。恩师罗伯特·卢萨则让他去投资银行布朗兄弟哈里曼公司担任合伙人。

沃尔克还收到美国著名猎头公司罗素·雷诺兹的邀请函，建议他考虑接受一个顶级投资银行的职位，年薪超过百万美元，终生向他供应古巴雪茄（当然，当时美国禁运古巴雪茄）。100万美元在当时是什么概念，全美职业棒球收入最高的选手吉姆·亨特也不过才75万年薪。

沃尔克一直在犹豫，他渴望获得一份收入不错的工作，但更希望留在公职效力。正当他举棋不定时，美联储主席伯恩斯伸出了橄榄枝，邀请他在自己公寓共享晚餐。

伯恩斯开门见山地说："我需要你跟我一起在联邦公开市场委员会效力。"

"我感到受宠若惊，阿瑟（伯恩斯），但我必须赚点钱。芭芭拉（沃尔克妻子）刚被诊断出风湿性关节炎，我家里还有身患残疾的儿子吉米，哎，天知道他将来该怎么办。"

"我们付给你的工资养家糊口不成问题。纽联储行长的收入是我工资的两倍。"

"我知道，可是……"

"海斯现在的年收入是9.5万美元，你也知道我对他的态度。我会让他们从一开始就付给你这么多。"

"你看，阿瑟，我已经在政府工作5年多了。我有点儿累了，现在该是求变的时候了。"

伯恩斯摇了摇头，非常确定地跟沃尔克说："你是一块做公职工作的料，保罗（沃尔克），千万不要去别的地方。"

伯恩斯邀请他担任纽联储行长一职，这让沃尔克感到非常奇怪。毕竟，沃尔克担任财政部副部长5年来，一直与伯恩斯意见相左；而且纽联储行长位高权重，对美联储主席具有很大的威胁。或许，伯恩斯这位政治老手试图拉拢沃尔克为己所用；抑或，面对糟糕的通胀和疲弱的美元，伯恩斯已经疲惫不堪，他需要一个像沃尔克这样的人顶在前面。

沃尔克没有当场答应伯恩斯。他跟朋友去了加拿大钓鲑鱼。两个星期后，他在加油站旁边的一个公用电话亭里拨通了伯恩斯联储办公室的电话。

沃尔克第一句话就是："阿瑟先生，我可以接受这份工作。"

“好的，我就知道你会同意的……祝休假愉快。”

事实上，对沃克尔来说，纽联储行长这份工作，是一个他无法拒绝的诱惑。

1975年8月1日，沃尔克就任纽联储行长，并成为联邦公开市场管理委员会的常任委员，负责管理美国的信贷供应和利率水平。从此，沃尔克开启了艰难而辉煌的联储生涯。

1979年7月15日，时任总统杰米·卡特发表了著名演讲《一蹶不振》。

“总统先生，我们日子难熬。我们只想谈血汗和泪水。”

卡特在演讲中如此陈述民众意见。卡特自然提到美元的问题，“从前，‘像美元一样可靠’曾是一句俗语，用于形容绝对信得过的物品；但情况在10年前就变了，通胀侵蚀了美元的价值，使我们的存款缩水了”。

《一蹶不振》演讲结束4天之后，卡特要求整个内阁13名成员全部辞职，包括财政部长迈克尔·布鲁门索尔。这是美国总统历史上前所未有的高层“屠杀”。卡特内阁地震导致黄金在次日飙升至每盎司超过300美元，创下新纪录。

清理完“不听话”的班子成员，卡特急于招兵买马，首先他找了此时的美联储主席威廉·米勒来担任财政部长。

如此一来，他也需要立即找一个美联储主席人选。身边的财政部副部长安东尼·所罗门向总统推荐沃尔克。当时卡特总统一时间没有反应过来，问道：“保罗·沃尔克是谁？”

1979年7月24日，沃尔克受邀到白宫会见卡特总统。卡特坐在一把摇椅上，沃尔克坐在总统旁边，愤愤不平地说：“我非常重视美联储的独立性，并且要采取紧缩政策。”为了强调这一点，他还指了指旁边的米勒说："我希望我实行比米勒更严格的政策。"

在一个小时的会面当中，大部分的时间都是沃尔克在讲，卡特一句话也没说，只是认真地听。离开白宫时，沃尔克为自己的鲁莽感到非常气馁，他当天晚上就乘坐航班飞回了纽约。一下飞机，他找了两位老友倾诉:"唉，我弄砸了。他永远不会把这个职位给我。"

不过，沃尔克也自我安慰道："这样也许最好。要是真当上美联储主席，我的工资就要降一半，我都不知道该如何面对……也不知道自己是否有权向家人说要牺牲那笔钱。"

其中一位老友跟他说："如果总统让你做，你是无法拒绝的。芭芭拉怎么说？"

"跟你说的一样。"沃尔克冲着对方点了点头。

第二天上午7点30分，一阵急促的电话铃声把沃尔克吵醒了，是白宫打来的。电话那头，总统先生祝贺他成为新任美联储主席。

卡特为什么选择沃尔克，至今也是个谜。卡特的回忆录《忠于信仰》对这一"标志性措施"居然一字未提。只是从《一蹶不振》中可以看出，他在任的日子里一直渴望"美元的声音"更加非同凡响。

1979年，第二次石油危机爆发，通胀"老虎"以惊人的速度往上蹿，卡特总统忙于价格及薪资管制，并呼吁民众减少石油消费，降低消费预期。然而，这些在尼克松时代就已经证明失效的措施只会火上浇油。

在炒掉整个内阁后，卡特似乎想推倒重来，启用沃尔克或许是一次冒险的赌博，但也是无奈之举。

1979年8月6日，在利昂·希金博瑟姆大法官主持下，保罗·沃尔克左手放在芭芭拉手捧的《圣经》上，右手举起，五指朝天庄严宣誓，卡特总统在一旁祈祷。

第二天，沃尔克坐在美联储主席办公室那张超大办公桌后面，看着桌上几百份明信片、信件和电报。他猛吸了一口“掷弹兵”牌雪茄，烟雾让他眼睛有些睁不开。虽然有人说这种雪茄有些“马粪的味道”，但是薪水减半后他也只能抽这种廉价雪茄了。

他用手扫了扫烟雾，随手拿起了几份信件。这些信件来自全美各地，有老友寄来的，有陌生市民，有追随者，还有经济学家。有人表示祝贺，有人表示担忧，有人倾诉通胀之苦，有人调侃他工作之难。

其中一个名叫道克·沃克的人写道：“每天抽雪茄请别超过5支，即使你不在意自己的健康，也要考虑美元还得靠您撑着呢。”老友汤姆·里斯致信表达对沃尔克的支持：“我已致电我的经纪商让他卖出黄金，买入美元。”

沃尔克拆开了一封来自佛蒙特州的来信，潦草难辨的字迹写了一页，开头便是：“亲爱的保罗，我谨对您获得‘晋升’致以慰问之情。看到您就任美联储主席，我为这个国家感到高兴，但也对您注定要面临的困境深表同情……”

落款居然是“亲爱的米尔顿，1912年7月31日”。这一封信是经济学家弗里德曼写的，落款的时间是他的生日，且为笔误。

弗里德曼在3年前获得诺贝尔经济学奖，是一个离经叛道的煽动分子。他一直对美联储颇有非议，在著名的《美国货币史》中指出美联储是大萧条的罪魁祸首。弗里德曼认为，如果当年杰出的纽联储行长本杰明·斯特朗在世的话，美联储就不会在大萧条中犯下通缩的致命错误。除了恩师伯恩斯之外，他对当时几届美联储主席都没有好脸色。

美联储主席这个位置，沃尔克为此努力了半辈子。他深刻地明白，只有这个位置才能挽救美元和美国于水火。如今，与当年中止黄金兑换一样，这一次沃尔克掌握了美元的生杀大权。

但真正坐在美联储主席这把椅子上时，沃尔克感受到了沉重的压力和责任。他已不能随便给人回信，但他还是给弗里德曼回了一封信：

"亲爱的米尔顿，我不知道自己是否注定只是艰难时局下的替罪羊……我在工作中对您主张约束货币发行的观点并无反对……"

就在沃尔克上任一个星期后，沃尔克以主席身份召开了第一次联邦公开市场委员会会议。为了这次会议，他在两页纸上写满了会议提要，并在顶端写道："这次会议比往常更具有象征意义。"这是他上任后的第一道考验。他并不急于出手，而是希望委员们与他保持一样的政策理念。

有了这次铺垫后，9月18日又召开了第二次联邦公开市场委员会会议。会议通过了他提出的"小幅提高联邦基金利率"政策。表决的结果是8票赞同，4票反对。在4张反对票中，其中3个投票人认为紧缩的力度太小。

当天下午晚些时候，在这次会议结束后，沃尔克召集了联储7位理事成员召开了理事会。沃尔克准备"小试牛刀"，将贴现率提升0.5个百分点，达到11%的历史最高值。结果，加息方案以4∶3获得通过。

从投票比例可以看出，美联储内部并非铁板一块，甚至出现了比较严重的分歧。在联邦公开市场委员会会议上，圣路易斯联储行行长劳伦斯·鲁斯提出改变政策方向：

"呃，保罗（沃尔克）……我是不是有些不正常，但我还是想提出这个问题，可不可以再研究一下，我们把利率当作传统货币政策目标是否适当？考虑到你已讲了那么多问题，再加上联邦公开市场委员会在过去多年有那么多失败的不愉快经历……可不可以换个思路？”

鲁斯抛出的问题，实际上标志着美联储的政策正在转向新的领域。实际上，鲁斯的论调一点都不新鲜。因为作为货币主义领袖，弗里德曼隔三差五就会在媒体上批判美联储的货币政策目标有问题，应该放弃利率目标，转而盯住货币总量。

简而言之，弗里德曼认为，美联储“吠错了目标”。事实上，自1976年鲁斯加入联邦公开市场委员会后，就一直试图敦促修改分析方法，转向他支持的货币主义的道路。

沃尔克曾经多次拒绝弗里德曼的建议，不过此时他正在认真地考虑鲁斯的问题。他对鲁斯说：“我觉得你问这个问题并没有什么不正常的……我们会在不久的将来再次研究这问题。我也有这个打算。”

这个不久的将来其实就是第二天。沃尔克命人起草一份彻底改革联储操作方法的大纲。一个星期后，他审阅了这份带有机密字样的3页备忘录。上面写着：“联邦公开市场委员会……将按照设定的货币目标，把基础货币的增量规模控制在一定水平上，并以此控制银行信贷的增长，这一操作方法可能导致货币市场的超短期利率发生宽幅震荡。”

长期以来，联邦公开市场委员会以控制利率为目标，他们绝对无法忍受利率大幅震荡。但是，货币主义提出的总量目标并非没有道理。在20世纪70年代，信息技术革命兴起，商业银行开始使用计算机和信息管理，越来越多的人将钱存入银行，商业银行不断地创造信用货币，这在一定程度上造成信贷泛滥，导致美联储利率政策失效。弗里德曼提出，控制货币总量，尤其是广义货币，可谓抓住了新问题并切中其要害。

于是，沃尔克提拔了自己的老同事、技术型专家彼得·斯特莱恩特，由他来掌管纽联储交易室。斯特莱恩特的任务是在纽联储总部大楼的8楼静悄悄地在政府债券市场上买卖证券来控制美元总量。

不过，沃尔克转向盯住货币总量，并非出于货币主义的目的。沃尔克实际上想采用混合策略，他欣赏经济学大师保罗·萨缪尔森的一句话："中央银行家生来具备两只眼睛，一只眼睛盯住货币供应量，另一只盯住利率。"沃尔克不认为自己是一位货币主义者，他思想更倾向于理性预期学派，他试图给市场释放一种稳定的预期，即美联储在控制货币总量和利率以压制通胀。

但是，联邦公开市场委员会显然比较难接受他的新方案。他花了很多时间跟委员们解释，其中一位名叫亨利·沃利克的老对手告诫沃尔克："如果放弃利率目标，让其按照供求力量自主寻求平衡，那将会是一件令人遗憾的事情，而且还不得不达成浮士德式的交易，即向货币主义者出卖自己的灵魂。"

当时，沃尔克两手一摊地答道："有时候，你不得不与魔鬼做交易。"

然而，市场完全理解错了沃尔克的意思，朝着与沃尔克的预期相反的方向走。投机商认为，美联储要放弃利率目标，等于对通胀缴械投降。与魔鬼达成交易的后果极为可怕，1980年1月21日，黄金价格达到历史新高，每盎司850美元，这纪录后来保持了差不多30年。当时，国际上爆发了伊朗人质危机，苏联入侵阿富汗，同时第二次石油危机将通胀率推到顶点。

无奈之下，沃尔克只能持续加码，不断提高联邦基金利率。到1980年4月，联邦基金利率达到历史前所未有的21%。5月6日，年度通胀率已高达15%。7月1日市场贷款利率又大幅度下跌到了12%。这3个月，利率、黄金都大幅度波动，美元对德国马克汇率又跌去了10%。

媒体对沃尔克的操作无不讽刺、嘲笑和谩骂。《纽约时报》社论说："沃尔克是一个赌徒。他不自量力，明明缺一手好牌，却押注甚高。"哈佛大学加尔布雷斯教授发出警告："不要错误地相信那些把决策建立在大量货币上的人。"

有意思的是，媒体甚至联邦公开市场委员会的一些委员都称呼沃尔克是："顽固的货币主义者。"而弗里德曼却批评沃尔克没有坚守货币主义的路线，将货币供应量随意扩张。

沃尔克颇感无奈，但更糟糕的事还在后面。在大选前一个星期，即1980年10月2日，卡特总统公开炮轰沃尔克采取的是"僵化的货币主义方法"。要知道，在此之前卡特一直是沃尔克坚定的支持者。主要原因是，沃尔克在临近大选6个星期内，还不断地采取紧缩政策，联邦基金利率从11%涨到了14%。

沃尔克这么做唯一的好处就是，让市场终于看到美联储的独立性，而非屈从于总统连任。但是，沃尔克不惜一切代价拯救美元，杀伤面过大。媒体用一战时贝当元帅固守凡尔登，形容沃尔克的紧缩政策——坚守住了凡尔登要塞，代价是35万人的伤亡。

1980年11月4日，卡特败给了罗纳德·里根无缘连任。卡特将败选责任归咎于沃尔克。他回忆说，当初任命沃尔克为美联储主席时，经济顾问就警告过他。没想到，沃尔克将利率提升到非常高的水平，导致经济衰退，成为他寻求连任的负面因素。

11月19日，星期三，沃尔克懒散地靠坐在办公室沙发上，点燃了一支固定在下午6点才吸的雪茄。这已是他一天内吸的第十一支了。在办公桌的烟灰缸里，刚刚掐灭的第十支雪茄烟蒂还在缓缓冒着轻烟。他承认这样有点浪费，“尤其是现在每支涨到了25美分”。

伯恩斯在沃尔克边上、壁炉前的摇椅上，正在吸着他的老烟斗。就在两个小时前，伯恩斯从洛杉矶急匆匆地来办公室找沃尔克。见到沃尔克，伯恩斯第一句话便是：“没有发生国际危机，我是不会来找你的。”

“这份报告是里根经济政策协调委员会起草的，我不能给你看，但可以把内容告诉你。”

“你确信要告诉我吗？”

“在目前的情况下……是的。米尔顿（弗里德曼）希望撤掉美联储，也就是把你炒掉，然后用一台计算机替代。”

“那是一个隐喻，阿瑟（伯恩斯）。”

“我知道，保罗（沃尔克），但还不止这些。你知道，这里面有弗里德曼还有舒尔茨，你知道他们在里根总统那里有多大的能量。”

沃尔克从来没有见过伯恩斯如此紧张，他也意识到了问题的严重性。沃尔克还在为卡特的败选感到愧疚，如今新总统会以何种态度对他，心里实在没底。

外界的嘲笑、挖苦与谩骂已经不堪入耳，虽然他早已习惯，但他还是觉得愧对这份公职。9年前，沃尔克亲自制定出中止黄金兑换的方案，如今美元犹如脱缰的野马，他在位高权重的美联储主席的位置上却无能为力，甚至将美国经济陷入灾难之中。想到这里，沃尔克神情黯然、哽咽难鸣，所幸的是整个办公室烟雾缭绕，伯恩斯没有察觉到。

更糟糕的是，接下来一个月，美联储理事会分两次提高贴现率到13%，联邦公开市场委员会将联邦基金利率提高到20%以上。商业银行纷纷提高优惠贷款利率，达到了21.5%的历史新高。媒体大呼，沃尔克的美联储公开放高利贷。

沃尔克在回忆这段历史时也曾说过："如果 1979年以前有人告诉我，我会当上美联储主席并且把利率提升到20%，我肯定会凿个洞钻进去大哭一场。"

在新总统就职大典3天后，即1981年1月23日星期五，里根在沃尔克熟悉的财政部设宴招待沃尔克。宴席上，里根非常老道狡猾地问沃尔克："我接到了一些人写来的信，问我们为什么要保留美联储。您希望我怎么答复他们？"

沃尔克勉强挤出一丝微笑，心里感谢伯恩斯提前透露这一消息给他。

"总统先生，对这些问题，外界的确有些担忧，但我想您一定能够说服他们，我们美联储运作得还不错的。不幸的是，我们是华盛顿唯一在与通胀抗争的机构……"

不过，里根与沃尔克都没有想到的是，此后一年时间，美国经济经历了大萧条以来最为糟糕的时刻，经济深度衰退，失业率和通胀率居高不下。除了坚持严控货币总量和坚持高利率，沃尔克什么也不能做。他能做的只有坚持到底，以及等待潮水般的嘲讽。或许真被弗里德曼说中了：反正都已经烂透了，唯一的好消息是没有比这更烂，你尽管放手去干。

白宫那边也像热锅上的蚂蚁，里根凭借肯普减税法案上台。以蒙代尔、拉弗为代表的供给学派为里根制订了一整套减税改革的计划。但是，这一年刚刚推行大规模减税政策，政府财政赤字就创下了新纪录，这让强调政府预算平衡的老派经济学家极为不满。沃尔克此时明白，虽然里根对他颇有微词，但此时彼此都需要对方。于是，他找到了总统经济顾问委员会主席莫瑞 · 韦登鲍姆，让其协助安排一次与里根不带助手的一对一会见。

1982年2月15日，星期一下午，这天恰逢华盛顿诞辰纪念日，是美国的公共假日。总统穿着一件带条纹的高尔夫球衫和一条茶色休闲裤，在轻松的氛围中与沃尔克相谈甚欢。显然，他们已经达成了共识。

里根在当天的日记里写道："与保罗 · 沃尔克见面。我认为我们之间在建立友好关系方面有了新的突破，且形成了降低利率的共识。我觉得我们可以在6月之前让短期利率降下来3~4个百分点。以后再考虑降低长期利率的问题。"

当时里根政府的赤字不断扩大，市场认为，政府赤字必须在融资市场中解决，这样必然与市场争夺美元，然后不断地推高利率。沃尔克并不认同里根政府的减税方案，他认为政府紧缩预算，增加税收，才能避免赤字扩大化，然后利率才能下来。

所以，沃尔克用降低利率作为交换条件，促使里根政府紧缩财政，并增加税收。货币与财政联手解决问题，这符合蒙代尔的大拇指理论，但是沃尔克的操作方法却与蒙代尔相反。1982年8月19日，增税法案获得通过。供给学派失望之极，一批供给学派年轻官员从财政部辞职。

此时，汽车销售额降到20年来的最低点，房价快速下跌。失业率已经突破9.5%，超过1000万人丢掉了工作。一期杂志甚至在封面上怒火万丈地刊登对沃尔克及其联储会同事们的“通缉令”。俄亥俄州的农民、五大湖区的工厂主以及难缠的工会，都找上门要和沃尔克“好好算账”。

“抗击通胀的代价不小，当时抗议的人们围住了我们的大楼。”沃克尔回忆说。“我们正在打正义之战，我们不愿意（因压力）撤退，大家今后都会理解这样做的正确性。”沃尔克试图获得民众的理解。

一天，下班后他坐在美联储专车上等芭芭拉（沃尔克妻子），发现司机正在读一本书《怎样从通胀中得利》。沃尔克简直不敢相信自己的眼睛，他与总统、国会做了那么艰苦的斗争……到头来怎么能容忍后院出叛徒呢。沃尔克忍不住问：“潘尼亚先生，您怎么读这样一本书啊？”

他转头跟沃尔克说：“我估计您不会介意吧，这是从书店买的减价书……标价10.95美元，卖1.98美元。”

沃尔克笑了：“那才是一小步。”

这是一个非常好的信号，此时通胀率已下降至5%！

1982年10月5日，联邦公开市场委员会会议上，委员们以9：3的表决结果，通过了将货币政策目标转向降低利率的提议。4天后，《纽约时报》刊出《祝贺沃尔克先生的成就》。

沃尔克此时的麻烦是，美国的邻国墨西哥爆发了债务违约危机。市场认为，沃尔克在银行监管方面“彻底失败”，国会责成沃尔克处理这个问题。当时，经济学界一致认为，沃尔克为了抗击通胀——美联储的功劳，牺牲了就业、经济以及墨西哥。

但是，沃尔克能够做的只有祈祷墨西哥不要爆发连锁反应，以及经济尽快复苏。

“春江水暖鸭先知”，1982年10月，道琼斯指数从8月的770涨到了1000。这简直是神话般的故事。通胀水平逐渐下降的同时，大量国际资本开始进入美国资本市场。大量投资放弃原油等大宗商品，转而追逐股票、债券、货币基金等低通胀的金融资产。

这预示着漫长而痛苦的滞胀时代结束了吗？沃尔克胜利了吗？

1982年冬天，美国经济乃至世界经济进入历史性的拐点。美国股市在经历了将近10年的低迷之后，开始进入蒙代尔及其追随者曾经预言的“美好场景”，一场史诗般的大牛市正在拉开序幕。

1983年，通胀率下降至3.2%，之后两年在4%左右，1986年降到1.9%。通胀率的下降程度和速度，远远超过了朝野、幕僚们的预测，经济也在最冷的寒冬中开始回暖。1983年，GDP增长率为4.5%，1984年高达7.2%，统计专家大呼经济过热，呼吁美联储出手调节，1985年为4.1%。1982年之后的25年间，年增长率达3.3%，与二战后25年间的增长水平相当。

当时，《纽约书评》如此称赞：“里根当选总统，意味着空中再次弥漫如麝香般芬芳的利润。”后来，索罗斯将这一经济奇迹称之为“里根大循环”。

1983年5月28日，星期一，在纽约东区公寓里，沃尔克跟芭芭拉说：“我正在申请下周与总统会面。”

芭芭拉接过话：“你是想递交辞呈吗？”

两个月后，沃尔克的4年任期即满，此时他在考虑是否争取连任。

“也不全是……”

芭芭拉有些激动地说：“我想你说过要考虑这个问题。我们没有什么积蓄，我也没有活出自己的生活……但我从未阻止过你的事业选择，也对你的成就感到骄傲。但是现在你已经战胜通胀，你的使命完成了。”

“暂时如此，这才是序幕刚刚结束。”

芭芭拉打断他的话：“你难道还真以为你是美国的‘丘吉尔’吗？”

“我真希望我不是丘吉尔。英国人在丘吉尔拯救国家于危难之后，一脚把他从首相位子上踢开了。”

沃尔克的真实想法是，他只想再干一年半到两年，把未尽之事做完，以善始善终。但是，他觉得自己不能再干满一任，因为他亏欠芭芭拉太多，芭芭拉身体不好，为了支持沃尔克，牺牲了很多。

当时，里根颇为犹豫，毕竟他不想像前任卡特总统那样被一个不受控的美联储主席影响连任前途。在与沃尔克会面的当天晚上，里根写下日记：“我见了保罗——我是在8月1日任命他做美联储主席呢，还是别人？从金融市场的反应看，似应让他续任。我不希望动摇他们对复苏的信心。”

事实上，里根别无选择，除了一些经济学家还颇有微词之外，投行、议员、财政部官员以及市场，都在支持他。沃尔克声望日隆。

1983年6月18日中午，里根在总统休闲地戴维营按惯例发表广播讲话。不过，他没有按讲稿出牌，而用昔日记者爆料式的腔调：“好吧，我现在没有像你们在电影中看到的那样（里根之前是演员），戴着草帽，握紧电话听筒。但在开始今天的播音之前，我想宣布一个重要事项……”

里根用这种极为不正式的方式宣布了沃尔克连任，这让白宫官员大跌眼镜。不过，沃尔克不在乎。一个月后，参议院全体会议通过了沃尔克的任命。参议员加恩明确表示支持沃尔克："我怀疑除了沃尔克以外，过去还没有哪位美联储主席能在如此严峻的情况下坚持履责。"

03
沃尔克法则

1986年2月24日上午11点45分，沃尔克给芭芭拉打了个电话："我想让你今晚做顿晚饭。"

"真让人感到惊喜。我可不觉得我的厨艺有那么好啊。"

"嗯，我想让你定期操练一下。"

"天哪，你这话让我难过了……你那边发生什么事了？"

"刚才在美联储理事会会议上，我的意见被多数票否决了……我不能再干下去了。"

"得了吧，保罗，你不是那样的人……先去跟贝克谈谈吧。"

"我会的，我们将一起吃午饭聊聊。"

事实上，芭芭拉不清楚，理事会的内斗正是里根安排的财政部长詹姆斯·贝克挑起的。

在沃尔克续任的参议院听证会上，一位来自威斯康星州的参议员普罗克斯迈尔对沃尔克说："我们亲手打造了这只庞大、笨重、残暴的债务怪兽……这种局面正应了那句话，不是不报，时机未到……无论是通胀还是高利率，或者两者一起，都会把复苏扼杀在萌芽之中……所以我说，保罗，祝你好运，你这个可怜的家伙。"

全场哄堂大笑，只有沃尔克一脸严肃。

沃尔克心里很明白，接下来这一任期未必比上一任更轻松。沃尔克已经多次拒绝里根政府的货币赤字化要求，严禁美联储直接购买国债。但是，如果里根政府继续扩张赤字，很可能再次推高真实利率，他与里根的冲突势必形如水火。

在第二任期内，经济快速复苏，通胀得到彻底遏制，沃尔克与华尔街金融巨头联手拯救了伊利诺伊大陆银行的破产，避免了一场来自拉美债务危机的金融冲击。不过，这也让沃尔克以及美联储落下“大而不倒”的名声，尽管他不想这样。

此时，沃尔克仔细评估了市场风险，只有联邦财政赤字让他感到头疼不已。市场对财政赤字的担忧已经盖过了通胀。1985年12月，参议院通过了《格拉姆—拉德曼—霍林斯法案》，该法案试图全面削减联邦赤字，避免财政赤字出现灾难性风险。

与此同时，美国财政部长詹姆斯·贝克正在积极促成《广场协议》谈判。白宫认为，过去几年美元升值太快，不利于美国出口，同时也借此将美元利率下调以缓解联邦财政赤字。

狡猾的贝克对外释放的信号是，沃尔克促成这次谈判，希望美元汇率下跌。实际上，对于沃克尔来说，《广场协议》的成果喜忧参半。

就在协议签署后不到6个月，美元已经贬值了50%，大大超出了市场预期。沃尔克认为，美元贬值太快，希望利用有限的政策工具缓一缓。但是，令沃尔克没想到的是，贝克不但擅长使用国际事务来干扰货币政策，还将手伸到了美联储最核心的权力部门——美联储理事会。

1986年2月24日，星期一，达拉斯和旧金山两家联储银行向理事会申请，希望把贴现率降低0.5个百分点。沃尔克想拖一拖，但是一位名叫普雷斯顿 · 马丁的理事态度强硬。

“那让我们来投票决定吧。”沃尔克脱口而出，凭借过去6年的权威，沃尔克相信投票能够摆平这事。但是这一次，他太过自信了。

投票的结果是，沃尔克以3∶4输掉了这场对决。另一位理事玛莎 · 赛格尔表达了胜利的喜悦：“美联储不再是一个人的舞台。”

实际上，结果出来了，沃尔克才意识到这是一场关键对决。马丁和赛格尔都是里根任命的，他们与里根、贝克一样都试图执行宽松货币政策。

但是，即使他俩是里根的亲信，也只有两票，难以在理事会成事。美联储理事会共有7名理事，每个人都由总统任命，任期14年。为了防止政府干预央行的自主权，国会将各位理事的14年任期错开分配，一任总统最多只能任命2位理事。但是，由于里根连任，他可以任命4位理事。

就在投票前半个月，里根就任命了2位新理事替代了一位到期的理事和一位辞职的理事。这样，里根就手握4张票，从沃尔克手上夺回了理事会的控制权。

投票结果出来后，沃尔克大发雷霆：“从现在开始，你们可以为所欲为……但我不奉陪了。”他走出理事会议室，顺手一甩，“砰”的一声把门关上。

当天下午，沃尔克找到了财政部长贝克，“我带了一份辞职报告”。

“你在说什么？”

“今天早晨，理事会会议上的表决结果推翻了我不愿意降低贴现率的立场。”

“保罗，别做傻事，你不能辞职……”

3月7日，美联储公布了降低贴现率的结果。就在前一天，德意志银行和日本银行也降低了贷款利率。马丁理事高调地宣称，这是一场“史无前例”的国际合作典范。里根政府也称，财政部长詹姆斯·贝克正在推进的国际磋商合作取得重大成就。

沃尔克回忆说，当时他真不愿意以这种方式离开美联储。但是，真正让沃尔克下定决心离开的是1987年5月1日理事会做出的一个决定。

当时，理事会投票表决，同意批准3家控股银行——花旗集团、信孚银行以及J.P.摩根公司承销特定的债券。这一决定实际上违反了1933年通过的《格拉斯—斯蒂格尔法》。沃尔克极力反对，因为他很清楚，这个决定意味着金融混业时代的到来，大幅度放宽金融监管，商业银行从事投资银行业务将制造巨大的金融风险。

有媒体这样解读这一投票结果：“威风凛凛的沃尔克先生罕见地在里根总统任命的美联储理事面前败下阵来。这说明在监管问题上，那些由里根任命、更倾向于自由市场制度的美联储理事们正准备把主席赶走。”

1987年6月1日下午，沃尔克拜访里根，递交了辞职信。次日上午10时，里根站在白宫新闻发布室的麦克风前，左右两边一个是沃尔克，一个是格林斯潘。里根宣布，格林斯潘替代沃尔克担任新任美联储主席。他对沃尔克的辞职“极尽挽留，深表遗憾”，并对沃尔克抗击通胀的成就高度评价。

当记者问沃尔克为何辞职时，他援引了《圣经·旧约》中的一句话，轻描淡写地说：“来亦有时，去亦有时。”一位来自纽约州的议员查尔斯·舒默认为，总统“应该跪拜沃尔克，恳求他留任”。

事实上，华尔街金融界也这么认为。当天上午10点沃尔克辞职的消息传出后，投资者疯狂抛掉美元，大举购入黄金。黄金大涨，美元对德国马克汇率下跌。法国巴黎甚至被迫中止外汇交易。市场用钱投票表达了无声的愤怒。

沃尔克走了，给美联储留下了一部操作手册。

辞职后的第一个星期，美联储理事会收到了成袋的信件和明信片。其中有的来自前总统杰拉德·福特、理查德·尼克松，还有英国首相撒切尔夫人，当然大部分都来自各州的老友、议员、市民以及各界人士。不少信件的抬头都写着简单的地址：华盛顿特区保罗·沃尔克主席。

福特总统的亲笔信夸赞沃尔克的“正直品格”：“在危机时刻有你掌舵，无论是对美国还是整个世界而言，实乃幸事。我由衷地感谢你的优异工作和你个人所做出的牺牲。”

撒切尔夫人信中这样说道：“您对稳健货币政策坚定追求，您在遏制世界最大经济体通货膨胀这一复杂任务中所体现出来的超群技艺和理解同情，令我备感钦佩。在一个剧烈变革的时代，在一个世界金融体系承受着巨大压力的时代，您发挥的作用无可估量。”

来自宾夕法尼亚州的迈克尔·帕维莱克说到了沃尔克心坎里：“虽然我当时在很长一段时间里找不到工作，但是，我始终理解和赞成你作为美联储主席的政策。你保全了我一辈子的积蓄，使之没有化为乌有。换一个缺乏胆略的人，很可能会屈服于政治压力，而你则为我们的国家和人民做出了卓越的贡献。”

大多数信件都是以“一位纳税人”“一位公民”的身份感谢他，其中一个人在信中提出一个请求：“希望你有时间去指导艾伦·格林斯潘，让他沿着你的足迹往前迈进……”

自沃尔克卸任后，美联储进入了格林斯潘时代。聪明过人的格林斯潘掌控美联储达20年之久，一度是美国最具权势的人物，被称为全球“经济沙皇”。任期内，他不乏抗击亚洲金融危机、推动信息革命等光辉战绩。格林斯潘还是一位模棱两可的预言大师，擅长与市场搞“理性预期”式的博弈。市场有一句传言，“格林斯潘一开口，全球投资人都要竖起耳朵”。

若不是2008年金融危机，时间这位老人早已把沃尔克忘记了，人们只会记住那个“美元总统”格林斯潘。格林斯潘并未坚守当年的承诺，他多次疯狂下调利率，执行宽松的货币政策。在次贷危机爆发之前，格林斯潘与小布什试图“再造美国住房梦”，将利率下调至零附近，华尔街大发次贷，金融衍生品过度创新，金融繁荣异常，最终以次贷危机和金融危机收场。

沃尔克离开美联储有很多不舍，但他知道，只要危机过去，白宫是不会欢迎他这个“只是艰难时局下的替罪羊”。他内心也觉得亏欠芭芭拉太多，是时候回归家庭了。事实上，沃尔克在财政部和美联储任职期间，家庭经济拮据。沃尔克儿子身患残疾，芭芭拉又患严重的关节炎，只能在一家建筑公司做兼职。

芭芭拉曾经说：“在保罗接受这个工作之前，我们勉强还能存点钱，但现在挣的钱都不知不觉全花光了。”为了补贴家用，他们只能把自己的房子出租，然后租住在华盛顿偏远郊区的一房一厅里。沃尔克也深感愧疚：“我怎么把家弄到了这般举步维艰的地步？”

不过，离开美联储后，沃尔克并未去华尔街谋求高薪，而是返回母校普林斯顿大学任教。当时，一位来自中国的学生，被沃尔克生动的授课以及精深的智慧所吸引。下课后，沃尔克走过来说：

“来自中国的年轻人，好听吗？”

“很好听，但有些地方我没听懂。”

“你会听懂的，因为中国正在崛起。”

这位中国学生叫朱民，后来担任了国际货币基金组织的副总裁。沃尔克对中国颇感兴趣，与欧洲财政部长、金融家一样，中国不少经济学家、金融官员对沃尔克敬佩有加。

2009年，金融危机爆发后，奥巴马总统邀请沃尔克出山担任美国总统经济复苏顾问委员会主席。2010年1月21日，奥巴马宣布对美国银行业进行重大改革，禁止银行利用联邦政府承保的存款进行高风险的自营业务投资，并且反对金融业内更进一步的合并。

奥巴马趁此良机“消费”了一把沃尔克，他把这个改革命名为“沃尔克法则”。对此，沃尔克感到十分惊讶和无奈。在演讲时，沃尔克扭过头对着奥巴马说：“我们称它为‘奥巴马法则’如何？”

所谓沃尔克法则，就是要将金融机构的自营业务与商业银行业务分开来，银行想做自营业务，就不能使用客户存款和联邦政府低息贷款。美联储的会员银行以证券作为担保物，以较低的利率向美联储借款。

沃尔克法则，某种程度上说是沃尔克当年离开美联储时对放松金融监管的一种回应。整整20年，次贷危机再一次证明了沃尔克当年坚决反对放松金融监管是多么的明智。“沃尔克法则”被写入2010年出台的美国金融改革法——《多德—弗兰克法》之中。

不过，沃尔克法则最初的方案只有区区4页纸，沃尔克的初衷是想通过一部简单的法律，最大限度地限制金融巨头从事投机交易。但是，奥巴马没能顶住华尔街的压力，这个4页纸的方案最终变成了上千页的法案，规则变得极为复杂，对金融机构的监管力度大大缩水。

其实，奥巴马给的这个职位本是虚职，他只是想借沃尔克的威望达成平复民心之目的。此时，沃尔克年事已高，再也没有体力“与世界为敌”了。

不过，沃尔克依然在2011年发出一些真正关乎全球命运的声音：“这是一个外国拥有我们数万亿美元的时代，这是一个我们更加依赖向外国借款的时代，这是一个整个世界都指望美元能维持住购买力的时代。”这一句话，与当年他的上司康纳利财政部长的“我们的美元，你们的难题”，截然相反。

沃尔克生于大萧条之前的新泽西州海滨城市开普梅，其父亲是该州一座小城的行政长官，一生清廉勤勉，坚毅执著，管理这个小城长达20年，并使之免遭大萧条的冲击。沃尔克继承了父亲身上的坚毅、清廉与奉公，用半生公职生涯诠释了古罗马人颂扬的最高美德：勇气、正直、智慧、谨慎，以及献身自己、服务国家。

有人说，在美联储楼前的广场上应该竖立一座雕像，而在美联储百年历史中，只有一人的雕像最值得立于此处，他就是保罗·沃尔克。

在财政赤字货币化、福利民粹主义的时代，沃尔克的正直、勇气、清贫以及高贵的人格，不断地提醒我们，如何抑制滥发货币的冲动和诱惑。

其实，早在1995年，沃尔克在一家小而美的投资公司里获得了几百万美元的报酬。但是，当时芭芭拉因糖尿病和关节炎并发症已经卧床不起。为了向芭芭拉表达敬意，作为对她一生的补偿，沃尔克夫妇决定在纽约市特种外科医院发起设立芭芭拉·沃尔克女性风湿病中心，并将这笔钱全部捐出。

3年后，芭芭拉离世。沃尔克事业上坚强果敢，宛如一位巨人，但生活上、情感上都极其依赖芭芭拉。芭芭拉的离去，对沃尔克打击很大。令沃尔克稍微安慰的是，“在芭芭拉1998年去世之前，这是给她带来慰藉的少有的生活体验。她配得上这份荣耀”。

之后，沃尔克将大部分时间花在没有收入的公共事务上，比如处理安然公司丑闻，帮助二战受难者追回财产，以至于生活拮据清苦。平时，沃尔克租住在纽约郊区的一个小房子里，依然乘坐地铁出行。与之前半生一样，为了维持生活，他只能把自己的房子出租，然后租住在一个小得像学生宿舍一样的老房子里。身材魁梧高大的他，在这个房间里显得局促不安，屋内大部分空间被书籍和资料挤满。每到周末，沃尔克请自己的女儿来帮他清洗衣物。

如今，92岁的沃尔克，这位曾经语调轻柔、目光坚定的巨人，说话已有些口齿不清，记忆有些模糊，已经戒掉了雪茄。

所有人都装睡时，所有人都陷入货币泡沫之中时，只有这位老人是清醒的。然而，他是孤独的，或许只有芭芭拉才能给他真正的温暖、理解以及安全感。

后记

“我在此想明确地告诉你，如果银行机构仍靠纳税人的钱提供保护，继续随意投机的话，危机还是会发生的。我老了，恐怕活不到危机卷土重来的那一天，但我的灵魂会回来缠住你们不放！”

2010年2月2日，美国参议院就金融监管法案中举行的“沃尔克法则”听证会上，当有议员质疑他提议加强金融监管的法规是过时之举时，83岁的沃尔克如此回敬对方。

美国前国务卿基辛格称沃尔克为“我们这个时代的智者”。其实，沃尔克不是智者，任何时代都不缺乏智者，有时因为智者太多才出问题。我认为，“他是一位英雄，是一位真正的英雄”。

“半世风云断古皇，一蓑烟雨任平生。”

——致敬保罗·沃尔克！

参考文献

[1] 保罗·沃尔克，行天丰雄. 时运变迁[M]. 于杰，译. 北京：中信出版社，2018.

[2] 保罗·沃尔克，克里斯蒂娜·哈珀. 坚定不移[M]. 徐忠，译. 北京：中信出版集团，2019.

[3] 威廉·希尔伯. 力挽狂澜[M]. 綦相，等，译. 上海：上海财经大学出版社，2013.

[4] 金焱. 央行的职责：专访美联储前主席保罗·沃尔克[J]. 财经，2016（12）.

[5] 刘丽娜.金融泰斗保罗·沃尔克：美国最伟大的美联储主席[N/OL]. 中国证券报，2014-02-22[2023-01-02]. http://finance.sina.com.cn/world/20140222/041518297793.shtml.

与死神边际赛跑：人类胜算几何？

人类与传染病毒抗战的历史，是一部充满血与泪的历史，也是一部社会经济变革史。

本节以传染病史为主线，探索近代欧洲人与传染病的持续斗争，如何促进科学萌芽及思想启蒙，如何促进经济增长方式及公共物品建设的变革。

01
黑死病

1347年，蒙古大军攻打黑海港口城市卡法（今乌克兰费奥多西亚），不久之后草原大军停止了征程，西欧免遭“铁骑”蹂躏。但是，西欧乃至整个欧洲仍旧未能幸免，一场比战争更可怕的灾难悄然降临……

当蒙古大军的脚步停下来时，他们身上带来的一种极为凶险的传染病——黑死病（鼠疫）又开启了一段更为血腥残酷的征程。当时，在罗曼语、日耳曼语的国家和地区，很多房屋的外墙上触目惊心地涂写着一个大大的“P”字（Pest）——警告、提醒路人，此屋住有黑死病人，务必迅速逃离。

最开始，一个被传染了的鞑靼人部落把病菌带到了克里米亚地峡，在那里的卡法商站，鞑靼人围攻了一小队意大利商人，病菌开始进入意大利。

1347年9月，黑死病最早攻陷意大利南部西西里岛的港口城市黑西拿，两个月后经水路便传染到了北部的热那亚和法国港口城市马赛。1348年1月破威尼斯和比萨双城，3月拿下意大利商业及文化重镇佛罗伦萨。

之后，黑死病在这些人口密集、商流穿行的大城市，经陆路、水路四面开花，很快辐射到欧洲各地：意大利北部经布伦纳山口到蒂罗尔、克恩滕、施泰尔马克，再到奥地利重镇维也纳；马赛扩散到普罗旺斯、巴黎、诺曼底、莱茵河、巴塞尔、法兰克福、科隆、汉堡，直至整个法国；1348年夏天，英伦岛沦陷，多塞特郡韦茅斯的一个小港率先破局，8月攻克布里斯托尔和伦敦，而后是德文、牛津和康沃尔郡，1349年整个不列颠岛寸草不生；1350年北欧波罗的海、东欧各国均被拿下，两年后开始远征俄罗斯并攻陷莫斯科……

短短5年，一个街区接着一个街区，一栋房屋接着一栋房屋，都涂写上了一个个大大的瘆人的“P”，整个欧洲大陆及不列颠岛沦为人间地狱：无数尸体被掩埋，或被抛弃到海上，丢到坟场，被丢弃在太阳底下任其腐烂，遭到野狼、野狗吞食。

伴随着悲剧和恶臭的是可怕的寂静。有些地方，丧钟和哭声都消失了——因为“所有人都难逃一劫”。

意大利诗人乔万尼·薄伽丘的故乡佛罗伦萨是重灾区，80%

的人因黑死病死亡。薄伽丘是亲历者，他在著名的《十日谈》中这样写道："行人在街上走着走着突然倒地而亡；待在家里的人孤独地死去，在尸臭被人闻到前，无人知晓；每天、每小时大批尸体被运到城外；奶牛在城里的大街上乱逛，却见不到人的踪影……整个城市到处都是尸体。"薄伽丘最后惊呼："天主对人类残酷到了极点！"

威尔士诗人让·格辛写道："我们看到死神就像一团黑烟一样，飘到我们中间，这是一场屠戮年轻人的瘟疫，一个不会怜香惜玉的幽灵。痛苦的根源是我腋窝里的淋巴结；滚烫，恐怖，不管出现在哪里，总伴随着痛苦和尖叫，这是臂下的重负，是愤怒的结节，是白色的肿瘤。"

1348年，意大利诗人彼得拉克深爱的劳拉在阿维尼翁死于这场鼠疫，他问道："我们都不敢相信这一切，我们的后代会相信现在所发生的事情吗？

这场灾难给欧洲带来了严重的人口危机。历史学家估计，这次黑死病大约造成2400万人死亡，约占欧洲和西亚人口的1/4。黑死病在人类历史上是最致命的瘟疫之一，曾经多次大规模暴发，造成全世界死亡人数高达7500万人，其中欧洲的死亡人数为2500万人到5000万人。

这场浩劫改变了欧洲的历史走向，社会陷入混乱，经济元气大伤，天主教的权威遭到沉重的打击，世俗政治力量开始崛起。西方学者认为，黑死病是"中世纪中期与晚期的分水岭"，"标志了中世纪的结束"。

02
一刀三死

“给我计时，先生们，给我计时！”

19世纪，苏格兰外科名医罗伯特·李斯顿，以手术快而闻名，每次手术前他都大喊，叫学生给他计时，仿佛他要与死神进行一场激烈的赛跑。

由于当时没有麻醉散，实施手术就像一场大战，通常先将患者灌醉，然后乘其不备“快刀斩乱麻”，同时配有十几个彪形大汉将其按住。医生每次都是在鬼哭狼嚎中做完手术。所以，刀法“快准狠”变成更为核心的技术，李斯顿的“闪电刀法”备受崇拜。

据说，最快的一次是截肢手术，学生给他计时定格在两分半钟。从按腿到缝合完毕，一气呵成，这一纪录足以载入史册，无人能破。

做手术，除了时间，还有一项纪录也被历史记下，那就是“一刀死三人”：病人死了；边上的助手被切掉一根手指，感染而亡；还有一个围观群众，看到如此场景惊恐而死。

那时的医疗技术，简直就是娱乐业。马修·普莱尔在1714年曾经嘲说：“昨天病刚好，晚上就死在医生手上。”

但是，医生是认真的，比如说放血。

1799年12月13日，美国第一任总统华盛顿出去骑马兜风却感染风寒。第二天，他的喉咙疼得厉害，声音嘶哑并伴有寒战。很快华盛顿宣“御医”过来诊断，接下来的12个小时，好端端的总统大人竟被活生生地放血而亡。

不仅是放血，医生让他服用了多种甘汞（一种含汞的泻药）以排空体内，还将斑蝥粉起泡剂抹在他的脖子上试图消除喉咙炎症。医生如此“大刑伺候”，华盛顿最终没能熬过那天晚上。不过，华盛顿只是在3000多年里无数被放血死去的人中的一员。

在与死神边际赛跑的竞速道上，人类在很长一段时间里都是输家。

没人能够解释这场大规模的鼠疫为什么在17世纪末就突然消失。它就像一个幽灵突然降临掳走了成千上万条鲜活的生命，然后跑得无影无踪。人类甚至忌惮它随时还会降临，事实亦是如此。在17世纪之前，人类仿佛生活在一个完全不确定的未知空间。生得随机，死得偶然，平民、贵族、国王、医生在死神面前人人平等。

但西方医学也并非一直如此不堪，早在古希腊时期，就出了一位叫希波克拉底的名医（约公元前460—公元前370年）。他提出了著名的“体液学说”。这一学说，与中国古代中医“天人合一、阴阳协调”思想类似，他强调“我们体内的自然力量，是治疗疾病的真正良药”。

《希波克拉底文集》共收录了六七十本医学著作，均署希波克拉底之名，汇集了古希腊时期丰富的医学实践和理论，对欧洲医学影响长达1000多年。《希波克拉底誓言》至今仍是不少医学院学生的入学第一课以及白衣天使的道德准则。希波克拉底因此被尊为西方“医学之父”。

另外一位著名的医生是古罗马御医盖伦。公元2世纪，天主教禁止实施人体解剖，盖伦对动物进行解剖，然后在此基础上建立人体解剖理论。此后1000多年，盖伦在解剖结构上一直是权威。

但是，古罗马帝国衰落之后，教会长期控制着医院，西方医疗技术发展极为缓慢。古希腊的“医学神庙”、古罗马供体弱多病者和军队使用的“医院”等成为教会组织的“避难所”。

古希腊的“医学神庙”更多的是让病人祈祷，不管是先天疾病，还是感冒发烧，病人都在这里祈祷痊愈。截至18世纪，欧洲大多数教会医院都拥挤不堪、臭气熏天、藏污纳垢，医院落下“大坟场”的恶名，男性产科医生被骂为“屠夫”。从医生手上活下来的人未必比死去的人多，关于这一点医生自己都未能确定。

18世纪，匈牙利医生英格涅·塞麦尔维斯曾说过：“说实在话，只有上帝才知道有多少女人的性命早早地断送在我的手中。”与塞麦尔维斯的自省与自愧相比，多数医生当时的一些行为只能用“搞笑”来形容。

当时的产科医生做完手术，甚至处理完尸体也不洗手，接着就给产妇接生。在今天看来匪夷所思，但在当时血渍、污渍沾染在自己身上、手上被医生当作一种职业功勋章来炫耀。1846年，塞麦尔维斯在维也纳著名的教学医院维也纳综合医院担任助手。塞麦尔维斯在读好友的尸检报告时发现，他好友在做尸检时，不小心用刀子割到了自己的手指，报告显示他所得的病与死于生产的妇女是一样的。塞麦尔维斯仔细观察了自己所在诊区中医生的操作，观察到他们辅助尸检后会直接对产妇进行检查，并不会洗手。

最后，塞麦尔维斯坚持让学生和医生在进病房之前用漂白粉洗手，刷洗手指甲，确保“不会留下一丁点儿尸体的味道了”。由此产褥热的病例急剧下降，产妇死亡率从15%直线下降到5%以下。

人类从宗教到科学，从巫术到医学，经历了一个非常漫长的过程，之前人类的生存更多依托于运气。

因此，在17世纪之前，人口规模增长极为缓慢，甚至几乎是静态的。人口繁殖完全取决于季节与气候，当风调雨顺之际，人口则快速增加。一旦人口达到一定规模并聚集在一起，又可能发生一次大瘟疫，将人口规模拉回到原来的水平以下。

如此一来，人类不就反复地踏入同一条历史河流吗？

就这个问题，古典经济学家托马斯·罗伯特·马尔萨斯很早就开始与其父亲争论不休。马尔萨斯认为，人类确实不断地掉进这种“陷阱”之中。按他的说法，如果没有限制，人口会呈指数速率（2、4、8、16）增加，而食物供应呈线性速率（1、2、3、4）增长，如此下去人类社会不可避免地出现饥荒、疾病以及战争。马尔萨斯将他与父亲的争论整理成一本小册子叫《人口原理》(1798)。这一“陷阱”被后人界定为“马尔萨斯陷阱”。

似乎与很多动物一样，人类依靠繁殖延续，而过度繁殖反而又杀死了我们自身。这种悲剧在医疗技术处于“娱乐”水平的年代反复上演。从公元540年开始，鼠疫就反复暴发，人口增长速度极为缓慢，14世纪黑死病导致人口出现坍缩式骤减。

马尔萨斯的言论在当时受到批评，但也有不少重量级的追随者，其中包括英国首相小威廉·皮特。皮特曾经坚持“人多力量大”的传统人口观，后来被马尔萨斯说服。1795年，他甚至放弃了新的《济贫法》，不打算推行更有效的福利济贫措施。皮特向众议院解释说：“对他们的意见，他必须要加以尊重。”而“他们”指的是本瑟姆和马尔萨斯。

皮特、达尔文、威廉·佩里大主教等众多拥趸都支持马尔萨斯的预言——人类必将掉入万劫不复的“马尔萨斯陷阱”。不过，他们没有看到的是，黑死病正在打破这一诅咒……

03
思考的骨架

1536年，一个漆黑的夜晚，一位年轻人正走在回家的路上。突然，他看到卢万城墙外绞架上挂着一具死刑犯的尸体。他兴奋不已，与一位数学家朋友一起将尸体取下，以飞快的速度把尸体偷回到自己的住所。

为了防止尸体散发恶臭味，他小心翼翼地将所有骨头取下并扔到锅里煮熟，然后把骨架一一拼接复原。于是，他就有了一具完整的人体骨架。接下来短短几年，他解剖了很多从坟墓里偷来的或买来的死刑犯的尸体。

这位匪夷所思的年轻人，就是解剖学开创者安德里亚斯·维萨里。

14世纪暴发的大规模黑死病极大地打击了天主教势力。很多人开始不再相信祈祷能够治愈该病，不在教会医院等死，而是寻找更为有效的办法。

1315年前后，罗马天主教会开始逐渐接受人体解剖作为医学教育的一种辅助手段，并在意大利的博洛尼亚市开展了第一例人体解剖的公开演示。尽管每年被允许解剖的数量很少，仅限于少数死刑犯，但是人体解剖这刀下去，现代医学的光则照进来了。

解剖学家维萨里采用疯狂举动对解剖学权威盖伦提出了挑战，他纠正了很多盖伦在解剖学上的错误。比如维萨里发现男人与女人一样都是一侧12根肋骨，而不是盖伦遵从天主教所说的男人比女人少一根（亚当的肋骨）。

维萨里在其不朽著作《人体构造》中，准确地描述和绘制了骨骼、肌肉、血管、神经系统及身体其他器官。其中一幅经典插图被称为“思考的骨架”。维萨里无疑对天主教的权威构成严峻的挑战。

到了16世纪，解剖学成为一种公共景观，意大利及其他国家的一些医学院纷纷建立起了解剖学“演示厅”。解剖学家类似于今天的歌手开巡回演唱会，公开表演，门票不菲。今天的帕多瓦、爱丁堡、巴塞罗那等地至今都保留了完好的解剖学演示厅。巴塞尔大学至今都保留了历史上最古老的解剖学标本——1543年，维萨里对一名重刑犯雅各布的解剖骨架。

与此同时，马丁·路德等人正在整个欧洲掀起一场宗教改革。这场改革打击了天主教会的神权统治，世俗政府势力开始崛起，解放了宗教思想枷锁，促进了自然科学以及医学的发展。

维萨里向人体发起的进攻，打开了现代医学的天窗，在此后几个世纪激励着众多医学家孜孜以求地探索人体的奥秘，威廉·哈维就是其中之一。

1628年，英国内科医生威廉·哈维出版了著名的《动物心血运动的解剖研究》一书，提出了血液循环理论。他指出，心脏是“一切生命的基础，一切的起源”。

哈维通过解剖发现了血液的肺循环，他认为心脏作为泵，推动着血液循环——暗色的静脉血流向心脏的右心室，鲜红的动脉血从心脏的左心室流出，血液通过心脏左右心室之间的通道流经肺脏。哈维的血液循环理论对医学发展影响重大，此后科学家在此基础上准确地描述了心脏、血液、动脉、静脉、淋巴、毛细血管、肺脏、神经系统等的功能，更加全面地构建消化、呼吸以及生殖系统理论。

17世纪，解剖学集体大爆发。伦敦外科医生约翰·阿伯内西告诉他的学生们："获取知识的途径只有一条……我们必须与逝者相伴。"解剖学家们记录了医学史上最为震慑人心的举动，他们纷纷为自己的发现命名，输卵管被称为法罗皮奥管，脑底动脉环被命名为威利斯氏环，中脑导水管被命名为希厄维尔斯导水管，股三角为斯卡帕三角……1816年，法国医生勒内·雷内克发明了听诊器，对医学进步作用极大。在此之前，欧洲医生不像中医一样懂得把脉，他们只能俯首帖耳到病人胸前或后背才能听诊。

文明是被逼出来的。从14世纪黑死病横行之后，医学家们开始对死神发起挑战。

在此后漫长的300多年间，维萨里的人体解剖、哈维的血液循环论、雷内克的听诊器、胡克的显微镜以及微小生物的发现，极大地促进了现代医学的发展，同时也大大降低了人口的自然死亡率，提高了治愈率和出生存活率。

当时，对人口增长影响最直接的医学进步当属防治天花的牛痘疫苗。

天花有3000多年的历史，古埃及木乃伊身上就发现了天花疤痕。公元前6世纪，印度天花流行。中世纪天花泛滥，平均每5人就有一位"麻脸"，多位国王命丧天花，如法国国王路易十五、英国女王玛丽二世、德国国王约瑟一世。宋代开始，中医用"人痘"接种预防天花。从17世纪开始天花从一种非致命疾病，逐渐演变为严重威胁到人类繁衍的恶魔。

18世纪开始，欧洲天花大流行，死亡人数达1.5亿人，天花比任何其他疾病杀死的欧洲儿童都要多。在英国一个人口不到5000人的城镇，1769年到1774年间就有589名儿童死于天花，其中466

人在3岁以下，只有一人超过10岁。在柏林，差不多同一时期，98%死于天花的是12岁以下的孩子。在伦敦，85%死于天花的人不到5岁。美国开国者之一本杰明·富兰克林的儿子1736年死于天花。

关于天花的防治，从中国到欧洲，再到北美，都有采用“像什么治什么”的种痘法，但是效果都不稳定。1774年，本杰明·杰斯泰农场的一名工人，从牛痘破损处取出痘苗，用钩针在妻子和两个儿子的手臂上弄出破口，将痘苗揉进破口。尽管当时天花相当流行，但是他们都没有得病。1791年，一个叫普莱特的德国人做了一次类似的试验。

这两次有记载的试验，引起了英国医生爱德华·詹纳的注意。

1796年5月14日，詹纳从一个叫萨拉·内尔姆斯的挤奶姑娘手腕上的牛痘脓疱中取出痘苗，注入一个叫詹姆斯·菲普斯的男孩手臂上两个浅浅的切口中，每个切口长0.75英寸（约为0.02米）。后来，这个小男孩没有得过天花。

此后，他又给23个试验对象“种牛痘”，经过几年观察，发现他们也没得天花。1798年，詹纳确认自己的成果无误后，发表了著名的《对发现于英格兰西部一些郡尤其是格洛斯特郡的一种病——牛痘的病因和影响的探讨》，牛痘接种法正式诞生。

到1801年底，在英国有约10万人接种了牛痘疫苗，这一方法随后在世界范围推广。1802年，天花高发地印度开始接种牛痘。1803年，西班牙国王将牛痘引入美洲殖民地。1807年，巴伐利亚强制接种牛痘。此后是德国，德国军队征兵要求重新接种牛痘。至1811年，法国超过170万人接种了牛痘疫苗。

1687年7月5日，伟大的牛顿出版了《自然哲学的数学原理》一书，从此人类从黑暗的长夜中醒过来。

此后，自然科学推动的蒸汽机革命，在英国率先兴起。机器生产给人类带来了前所未有的物质富足。当时，英国蒸汽棉纺织一年的产能超过过去半个世纪。大量廉价的棉纺织品输送到英国各个城市、乡村，乃至全世界各地，很大程度上解决了御寒问题。再加上医疗技术的进步，人们感染风寒、天花的概率大大降低。

自17世纪开始，人口出生死亡率大幅度下降，人口规模持续增加。在英国，人口短时间内大爆发，越来越多的人涌入城市，似乎正要打破马尔萨斯的预言，不过此时另外一个死神突然降临……

04
公共卫生革命

1831年，英国枢密院官员查理·格雷维尔严阵以待，正在密切关注欧洲大陆霍乱的大流行。此时，马尔萨斯已步入晚年，但似乎他的预言又要灵验了。

6月17日，格雷维尔派威廉·罗素医生和大卫·巴里医生前往欧洲大陆调查霍乱疫情。

霍乱是一种极其痛苦的病，让人呕吐、腹泻直到肠胃皆空，全身脱水。1832年4月9日，海因里希·海涅写了一封信，描写他在巴黎看到的一幕：3月29日，正在举行蒙面舞会，一片嘈杂。突然，最快乐的小丑倒在地上，四肢冰凉，面具下的脸庞绿中带紫。笑声消失，跳舞停止，这人在被匆忙用马车从舞厅送到天主大厦（巴黎最古老的医院）时很快就死了。为防止引起那里的病人恐慌，还戴着化装斗篷的死者被连忙塞进一个粗糙的箱子。很快，公用大厅里就堆满因缺乏裹尸布或棺材而缝在布袋里的死尸。

1831年6月21日，英国政府建立了一个中央卫生委员会，归枢密院监管。

10月12日，霍乱在汉堡出现，伦敦危在旦夕，每天从汉堡到不列颠群岛的往来船只，给英国造成巨大的威胁。半个月后，有个叫詹姆斯·凯尔的军医报告，在桑德兰发现了第一个霍乱死亡病例，至11月1日又有4例死亡报告。

1832年2月，中央卫生委员会聘用了4位医院的代理总监、21位医务官和17位医生，以抗击霍乱。在霍乱流行结束前，这些官员已给英格兰和威尔士的1200个地方卫生委员会和苏格兰约400个委员会做了咨询工作。

1832年，政府成立了皇家委员会，调查济贫法的执行情况，并对改善工人阶级的命运提出建议。这个委员会请求埃德温·查德威克给予帮助，此人是律师兼记者，曾是哲学家、古典经济学家杰里米·边沁的秘书。他是一位社会改革家，是伦敦大学的创建者之一，还是人类城市公共卫生改革的重要推动者。

1838年，英国首次全年登记人口信息，这一年斑疹伤寒大流行。在伦敦约有1.4万人患病，其中1281人死亡。查德威克组织3位医生调查斑疹伤寒最严重的地区后发现，高发病率主要是由肮脏的习惯和醉酒造成的，在生活条件依然恶劣的情况下，穷人无法自我改善。

1839年8月，上院催促这3位医生协助查德威克进行一次全面调查。1842年7月9日，他们发表了调查结果，题目是“对英国劳动人口卫生状况的调查报告”。这份文件在人类城市公共卫生历史上有着举足轻重的地位。

查德威克的报告解释了一个我们今天称之为“大城市病”“贫民窟”的问题。当时，英国工业革命兴起，由于工业制造及医疗技术的进步，出生率在短时间内大幅度提高，人口规模快速膨胀，并不断地涌入城市。1801—1851年，英格兰和威尔士的人口从890万人增加到1790万人。人口急剧增加给城市管理、安全及卫生带来严峻的挑战。

像伦敦这类大城市不断扩张到乡村，但是对于地主、投机建筑商和居民来说，城市仅仅是更大的乡村。当时的工业化城市并没有建立一套公共卫生体系，源自乡村最原始的生活方式迁移到了城市。原本在乡村，随意丢弃垃圾，将粪便倒入河内，并没有太大的问题。然而，一旦人口集中到城市，这一原生态的生活方式则给这座城市带来灾难。

当时的伦敦，到处都是冒着浓烟的工厂，布满粪便的街道，破旧不堪的出租屋，充斥着腐臭味的河流。伦敦的泰晤士河和布里斯托尔的埃文河污染严重，英国的大工业城市甚至没有一个让人放心的饮用水供应。当时有一张著名的漫画，一个女士拿着显微镜看到泰晤士河河水后丢掉了手中的茶杯。显微镜下，泰晤士河藏污纳垢，各种恶心的“微生物”让人惊恐不已。

当时的英国并没有足够的应对工业化大城市的经验。在霍乱传到英国之前，中央卫生委员会几乎天天开会，准备那些“他们认为可能是对付霍乱最有效的条规”。不过，当时的委员会人员并不专业，他们提出的大部分建议都缺乏实用性。

古罗马人是世界上第一个大规模在城市居住的民族。他们很早就认识到城市公共卫生系统（稳定的供水、整洁的街道以及有效的排水系统）的重要性，否则人聚集一地必死无疑。

公元纪年开始，罗马城内就有6条清洁水管道每日输送用水；100年后有10条水管每天供应2.5亿加仑水。公共浴场用去一半的水，剩下的供应给200万居民每天50加仑，相当于今天的200多升。大约在公元70年韦伯芗皇帝时期，罗马城内就建造了一座配有大理石便池的建筑，要付费使用。这或许是人类最早的公共厕所。

直到1851年，英国才建造了第一个公厕。为了举办伦敦世界博览会，英国政府在距离海德公园的博览会附近建造了一个“公共等候室”。这是最早的现代化意义的公厕。当时造价为680镑，“如厕”2便士一次，一条热毛巾4便士，5个月内该厕所营收总额为2470镑。

医疗技术在短时间内消灭大量疾病，增加了人口出生率，延长了人类的寿命，人类大量聚集又催生出新的问题。这种拥挤肮脏的城市就像一个火药桶，只要燃点够高，或者外来病菌传入，一点即着，立即引爆。

查德威克意识到了这一点：“所有的气味，如果足够强烈，都会直接导致疾病；最终我们可以说，由于抑制这一触发系统会使得机体对其他致命因素的易感性增强，因此可以得出这样的结论：所有的气味都意味着疾病。”

查德威克在查阅了来自533个区的反馈后，绘制了“卫生地图”，它清楚地显示出传染病与居住拥挤之间的关系。他指出，这种病是由肮脏、拥挤、排水不畅以及供水问题造成的空气污染蔓延开的。

他以8个区死者的年龄证实他的观点，说明平均寿命与阶层有关：乡绅43岁，商人30岁，劳动者只有22岁。最后一个数字造成了数量庞大的孤儿、寡妇，所有这些人都必须靠教区救济资助。养家者早逝，居住过于拥挤以及无人过问迫使孩子们上街行乞、偷窃。疾病使高年龄组阶层的人员减少，留下一批“年轻、暴躁、危险的人，这些人易于被无政府主义的谬见欺骗”。

恩格斯在《英国工人阶级状况》一书中有这么一段描述：不论走到哪里，都会碰到“脸色苍白、身形瘦削、胸部狭小、眼睛凹陷的幽灵”，他们住在一个狗舍不如的房间里，“在里面睡，在里面死”。

大量工人和底层市民集中，这些人群成为疾病入侵的重要对象，也成为社会矛盾的集中点。19世纪，工人运动大规模爆发，无政府主义泛滥，欧洲一度陷入混乱。从根本上讲，当时的社会问题、过剩性经济危机以及各种传染病，都是技术革命冲击带来的。经济学史上第一代周期理论支持这一主张，也符合熊彼特的周期理论。

早在伊丽莎白一世时期，英国就出台了济贫法。英国也是最早实施福利制度的国家。1804年，因担心海运传播黄热病，英国成立了卫生委员会，主要职责是执行济贫法来防控传染病。在抗击霍乱期间，英国政府要求地方当局提供护理和药品，清扫病人住房，销毁病人的床上用品、衣物和其他用品，填埋阴沟、粪池，减少各种污物，费用从济贫税中支出。

但是，当时经济学的主流思想是古典主义倡导的“自由放任”，政府并没有太多的征税权以及税收收入，也没有足够的公共财政提供公共福利。庇古的《福利经济学》及“庇古税”还没问世，政府以及民众不清楚公共福利的依据是什么。

因此，当时英国政府并没有足够的税收收入，来提供因人口暴增带来的大规模公共物品。查德威克曾建议建设中心济贫院，主张让病人进医院，没有父亲的孩子进孤儿院，老人进养老院，健康的无业者进济贫院，但是原本“老有所依，幼有所养”的完美计划最终被人唾骂。原因是政府济贫税的收入无力支撑这一计划，同时地方政府管理不善。

不过，查德威克的报告让西方国家意识到城市公共卫生建设关系人类的生死存亡。受查德威克的影响，美国、德国及其他西方国家开始积极推动城市公共卫生活动。

美国医学史家菲尔丁·加里森写道：“通过莱缪尔·沙特克，可以说是查德威克开始了美国的公共卫生活动，后来还影响了比林斯。”沙特克于1849年在马萨诸塞调查城市卫生，开始着手美国的公共卫生体系建设。1889年，在约翰·肖·比林斯的推动下，美国成立公共卫生署。受查德威克影响，马斯克·冯·佩滕科弗尔设计了慕尼黑城市污水系统，推动了一系列防治霍乱的有效措施。他也因此成为德国第一位卫生学教授（1859年）。

英国是第一个试图对“公共卫生”进行集中控制并对全体国民强制推行卫生法规的国家。由于统一执行开支过大，这一重任最终交给地方的城市卫生委员会来执行。

1846年，利物浦是最早通过卫生法案的城市之一，法案授权任命一位市政工程师、一位垃圾监管官和一位卫生医务官。1847年1月1日，利物浦任命威廉·亨利·邓肯出任英国第一位卫生医务官。

查德威克聘请了一位顾问协助改善自来水供水系统，提高供水的清洁度和稳定性。另外一位叫约翰·罗的顾问，帮助其处理污水问题。罗用自我冲刷的狭孔阴沟代替原来的“淤积阴沟”，保证水不停流动，减少沉积物，提高了清洁度。

针对生活污水排向河道的问题，查德威克设计了“动脉—静脉系统”，将城市的污水排向农村用于施肥灌溉，农村的清洁水输向城市，这种污水与净水对调的办法后被许多国家所采用。

1848年7月8日因查德威克的专断引发众怒，他被解除了秘书职务。不过，此时一场新的霍乱越来越泛滥，首相立即让查德威克负责调查伦敦卫生中存在的问题。他写了一份说明情况严重、让人震惊的报告，这一报告促使英国议会因为害怕而立法。

1848年8月31年，议会通过了公共卫生法案（查德威克法案）。

这时霍乱已在爱丁堡出现，12月传到伦敦，1849年6月传遍全国。这次流行比1931年那次严重得多，伦敦至少有3万人得了霍乱，其中约1.4万人死亡。

这一法案重建了卫生总会，授予地方权力组建自己的卫生委员会。62个市镇提出要推行公共卫生法案，并要求说明地方当局应有的权力。总会确保“清除垃圾和预防疾病法”获得通过，这一法案授予执行者在情况紧急时能够使用强制权力。这时总会可以下令清理垃圾、打扫街道、给房屋消毒以及设立隔离医院。查德威克用这些权力招募了一些卫生监督员，增加了济贫法医院医生的数量，还迫使地方当局任命了卫生医务官。

1856年5月，继查德威克之后，枢密院任命西蒙为医务官负责调查卫生问题，在立法前准备相关的报告。西蒙与16位年轻医生展开合作调查。在疾病流行时，他们走访每个城镇、每条街道、每幢有病人的房屋，收集了大量有关霍乱、天花、白喉和斑疹伤寒的信息。

他们发现，婴儿死亡率维持在平均每1000人有150人死亡的水平，在工人阶级中更高，母亲做工的尤其高。他们大多生活条件极为恶劣，水被污染，居住拥挤，妻子缺乏家政教育，卫生状况很差。

从1817年开始，几乎每一次霍乱大流行都来自印度恒河三角洲。医学家推测，或许与印度恒河传统沐浴习俗以及糟糕的卫生条件有关。1865—1875年的霍乱，通过一艘从埃及到英国的航船流传开来，并在地中海沿岸传播。估计9万名去麦加的朝圣者中有1/3死于该病。

1875年，议会通过了西蒙起草的《公共卫生法》。这一出色的法律，涉及英国在以后60年所进行的大多数卫生改革。西蒙担任医务官的20年无疑是世界公共卫生史上最有成果的时期。西蒙在1904年88岁时去世，接受了骑士封号。

针对英国医生和公众的一项调查发现，自19世纪40年代以来的十五大医学进展中，卫生措施名列前茅。

05
与死神边际赛跑

1849年炎热的8月，居住在伦敦黄金广场宽街40号的李维斯夫妇（托马斯和莎拉）的女婴病倒了，呕吐不止，排出绿色水样便，并发出“刺鼻的气味”。莎拉绝望地处理煮过的宝宝尿布，先在桶里搓，然后把一部分水倒入自家门前地下室的化粪池内。

第二天，他家楼上的邻居也都生病了；几天后，附近很多家庭生病，通常都是集体死在了自家黑暗、肮脏的房间里。10天之内，附近500多位居民死亡，差不多占当地人口的10%。

当地教区委员会赶紧叫约翰·斯诺过来阻止霍乱横行。斯诺却给出了出人意料的回答："把布罗德街泵井上的手柄卸掉。"

原来，伦敦金色广场地区的大多数住宅还没有管道供水，而是依靠"泵井"供水，布罗德街泵井是主要取水点。斯诺调查了布罗德街89例死亡的情况，发现除了10人外所有死者都住在泵井附近并从井中取水。在剩下的10人中5人应该从另一口井取水。

约翰·斯诺，是第一位专业麻醉师，他对霍乱源头的发现非常关键。他认为，霍乱病人的粪便混入了"应用或烹饪用的水中，有时全城人都从河里取水"；霍乱不是通过不洁空气传播的，而是通过一起吃饭和不洗手传播的。

斯诺在1853—1854年霍乱流行时，通过对伦敦两家大的供水公司的比较验证了自己的发现。一家公司供应的水使每万户有325人死亡，而另一家公司使每万户有57人死亡。布罗德街泵井的原址现在盖了一家酒馆，就以他的名字命名——约翰·斯诺酒馆。

统计学家威廉·法尔和伦敦医务官约翰·西蒙两位成员，采用了斯诺类似的办法，查阅了伦敦供水公司的记录，比较这些公司服务地区的死亡率。结果让人吃惊，每万户的死亡率高的到130人，低的只有37人。1849年，威廉·巴德医生去布里斯托尔研究当年的霍乱病例并得出结论：致病体能够在人的肠道中繁殖，并通过污染饮用水传播。他们共同证明了查德威克关于清洁水和污水处理有助于防治霍乱的观点，几乎触碰到了巴斯德的细菌理论。

1886年，法国化学家路易·巴斯德在法国科学院宣读了题为《细菌理论及其在科学和外科学的应用》的论文，提出了细菌理论。

从此，人类对传染病的防治告别了刀耕火种时代。自19世纪末开始，现代医学进入了跨越式发展的时代。

1883年，科赫发现了病原菌是霍乱弧菌。

1890年，莱特和哈金夫研制了霍乱和肠伤寒的疫苗。

1894年，耶尔森发现了鼠疫致病菌。

1895年，德国物理学家伦琴发现了X射线。

1899年，全球最经典的解热镇痛抗炎药阿司匹林诞生。

…………

20世纪80年代，人类宣布在全球范围内消灭天花，伟大的基因工程胰岛素和乙肝疫苗分别上市，但几乎与此同时，一种新型的、致命性的传染性疾病——艾滋病被发现，震惊医学界。

到了20世纪下半叶，随着医疗技术的进步尤其是疫苗的使用，人类面临的主要疾病已经从传染性疾病转向非传染性疾病，癌症、心脏病、阿尔茨海默病、心血管疾病等成为当今人类的大敌。

如今，全球接近5000万人患有阿尔茨海默病，平均每3秒新增1人。全球类似疾病的患者每20年增加一倍，到2050年将达到1.31亿人。在美国65岁以上的老年人口中，每9人就有1名阿尔茨海默病患者，每3位去世的老年人中，就有1人曾被诊断为阿尔茨海默病或类似疾病。

纵观历史，我们一直都在跟疾病做斗争。在与死神的边际赛跑中，人类很长一段时间都处于下风，一次又一次的瘟疫无情地掠夺了无数人的生命。17世纪之后，人类摸索到了现代科学的金钥匙。现代医学从此一日千里，人类战胜了各种疾病，而且硕果累累。

自17世纪以来，人口增速明显加快。特别是进入20世纪，人口数量呈现爆炸式增长，世纪末比世纪初的人口增长了3.5倍，达

61亿人。人类的平均寿命大幅度地提高到了65岁左右，且生命质量得到明显改善。人类成功走出了“马尔萨斯陷阱”。那么，在这场与死神的边际赛跑中，人类一定胜券在握吗？

经济学本质上是探讨边际赛跑的问题。长期以来，经济学家认为，为了满足人类无穷的欲望，经济学要不断地提高资源边际使用效率，即不断革新技术，不断创新制度，跑在死神之前。

从现代医疗技术进步来看，我们似乎有必胜的把握。实际上，人类在战胜病毒的不确定性时，技术本身的不确定性同样可怕。

技术冲击主要表现为技术本身的演进范式遵循自然规律，而不是经济规律、社会规律。

很多时候，最前沿的科学家也不知道何时能够攻破技术。正如阿尔茨海默病，最前沿的科学家对此也知之甚少。而技术一旦突破，其带来的扩散效应，往往是科学家和经济学家难以预测的。

或许没有一位医生、政治家、经济学家能够预料到，看似简单的“洗手”却能让产褥热死亡率大幅度下降。同时可能还存在各种“小技术”（如青霉素的发现）的变革叠加，更加剧了整个社会经济系统的复杂性。

1934年费米发现的放射性碘，并不属于医学技术范畴。而现在这项技术用于胰岛素与肿瘤的诊断。1942年的超声示波、1971年第一台计算机体层摄影以及如今的外科手术机器人，都是其他复杂学科技术突破的结果。这些技术外溢到医学领域，从而极大地促进了医学进步，也改变了人类数量、寿命及生命质量。

技术的不确定性对个人生命预期带来不确定性。

1960年中国人口预期寿命为43.35岁，1990年达到69.93岁，2014年为75.78岁。世界人口预期寿命1960年为52.48岁，到了

2014年增加到71.45岁。20世纪五六十年代出生的人，在那个年代，他们并不知道自己具有如此长的寿命以及如此高的生命质量。

虽然我们了解一个国家的平均寿命，但是对自己的寿命及生命质量无法准确预测。很多人工作30年，退休之后依然还有30年的高质量生命。这样容易造成“人活着，钱没了”的悲剧，这也是当今世界包括中国在内，社保问题如此严重的底层原因。

1883年，德国第一任总理俾斯麦引入了早期的国家卫生保险制度，由雇工和雇主承担费用。1948年，英国引入国家医疗服务体系，在“递送点”提供免费的初级卫生保健和医院健康保健。日本是第一个提供全民卫生保险的非西方国家，于1961年纳入医疗保险制度。

当今世界主要国家都已经实施了全面的医疗保险，但是社会保险基金都面临严峻的挑战。

技术的不确定性与社会思想及伦理的协同存在作用关系。

随着基因编辑技术的成熟，人类对疾病管控越来越早：已经从患者到成人，从成人到孩子，从孩子到婴儿，从婴儿到胎儿，从胎儿到受精卵，从受精卵到精子和卵子。

我们似乎已经完全掌握了主动权，如今科学家只需要修改一个细胞，人类长大之后身体内就有上百万亿个细胞带有这一新的遗传性状。从此人类摆脱了自然属性给我们留下的固定样式，我们可以对自我身体进行改造。理论上，我们可以根据某些需要和偏好，通过基因编辑来塑造我们的后代。

那将是一个怎样的人类世界呢？

很多时候，技术大踏步向前，而人类思想及制度需要很长的时间来适应，抑或是需要调整伦理、价值观及制度来管理技术，但病毒不会等人类“打盹儿”。

参考文献

[1] 阿克塞尔 · 贝什，帕特里克 · 贝什，让 · 阿梅森，等. 西医的故事[M]. 闫素伟，译. 北京：商务印书馆，2015.
[2] 弗雷德里克 · F. 卡特赖特. 疾病改变历史[M]. 陈仲丹，译. 北京：华夏出版社，2017.
[3] 玛丽 · 道布森. 医学图文史（一）[M]. 苏静静，译. 北京：金城出版社，2016.
[4] 玛丽 · 道布森. 医学图文史（二）[M]. 苏静静，译. 北京：金城出版社，2016.
[5] 王立铭. 上帝的手术刀[M]. 杭州：浙江人民出版社，2017.
[6] 马尔萨斯. 人口原理[M]. 杨菊华，杜声红，译. 北京：中国人民大学出版社，2018.
[7] 贾晓峰. 医学简史[R]. 北京：中国医学科学院医学信息研究所，2016.

当初二战能否避免?

1919年1月正在巴黎和会上谈判的凯恩斯给母亲写信说:

“《凡尔赛和约》太离谱，根本做不到，只会带来不幸……我想，我已经成了这一切邪恶与愚昧的帮凶了，但现在它很快就会有个了断。”

凯恩斯因不赞同《凡尔赛和约》严惩德国而辞去了和会英国代表一职。在和约签署几个月后，凯恩斯出版了《和平的经济后果》，预言试图让德国永远臣服于脚下，势必掀起另一场导致世界冲突的“欧洲内战”。

不幸的是，20年后，凯恩斯一语成谶，沉重赔款、瓜分领土及恶性通胀诱发了极端民族主义，纳粹党魁希特勒领导德军闪袭波兰，发动了第二次世界大战。

不过，越来越多历史学家认为，没有足够的证据表明希特勒在入侵波兰时试图发动一场欧洲内战或世界大战。与日本军国主义的战争计划不同，希特勒只准备发动一场蓄谋已久的局部战争。

那么局势是如何失控的?

英国当代著名的历史学家理查德·奥弗里在其《二战爆发前十天》中指出，英法德波等国一系列糟糕的外交操作、误判局势及盲目试探底线，最终将一场局部战争推向了世界大战。这一观点有别于唯物主义者的“历史必然性”论断。

本节依据理查德·奥弗里在《二战爆发前十天》中记录的事件与线索，结合美国作家威廉·夏伊勒在《第三帝国的兴亡》中记录的部分史料，探索历史人物的侥幸与误判是如何引发世界性灾难的。

01
张伯伦误导

1939年9月1日上午4点45分，德国训练船“石勒苏益格—荷尔斯泰因”号驶离波兰但泽港，向维斯特布拉德半岛的波兰要塞开火，打响了第二次世界大战的第一枪。

开火15分钟后，纳粹党人阿尔伯特·福斯特就通过广播电台宣布德意志第三帝国占领了但泽。

为什么是波兰？为什么是但泽？

一战后，英法美严惩德国，使得德国丧失了13.5%的领土。协约国根据《凡尔赛和约》在德国东部建立了一个新的国家——波兰。部分德国领土划入波兰，波兰获得了直通海洋的陆路走廊。协约国将但泽列入自由港口，并由国际联盟接管，经济收入划入波兰。

但是，德国人一直认为但泽市是德国领土，该市96%的居民皆为德国人。所以，但泽问题颇为敏感，被认为是“波德关系的晴雨表”。希特勒上台后，但泽纳粹党赢得了该市议会的多数席位，组建了市政府，试图让但泽重回德国。

当然，希特勒发动对波兰的战争并非为了但泽，而是“向东扩大生存空间”。早在德皇一世时代，俾斯麦发动三次王朝战争旨在拓展德国在中欧的生存空间。不过，俾斯麦主张“有限空间”。后来，轻浮的德皇二世突破了俾斯麦的空间界限。

希特勒时代，纳粹党鼓吹“生存空间”。波兰不仅控制了但泽，还控制了西普鲁士的陆路走廊以及西里西亚工业区。对波兰的战争意在吞并波兰，向东扩大生存空间。日本军国主义发动侵略战争，可谓蓄谋已久、计划周详。但是，德国不同，没有足够的历史证据表明希特勒在发动德波战争时蓄意发动世界大战。二战后的纽伦堡审讯时，德国高级军官均坚持这一说法。

那么，为什么希特勒胆敢突破《凡尔赛和约》?

两点很关键：

一是《苏德互不侵犯条约》。

斯大林对欧洲冲突的态度保持中立，但是在波兰问题上存有企图。因为早在1920年，十月革命后的苏维埃政权，率红军入侵正处在襁褓之中的波兰。后者反败为胜，最终控制了苏联的部分领土。所以，斯大林接受希特勒的邀请，试图从德波战争中分一杯羹。

《苏德互不侵犯条约》的签署给希特勒极大的信心。苏德联盟建立，希特勒更加相信英法不会贸然军事介入波兰。这一条约签署一个星期后，希特勒便对波兰发动了战争。

二是张伯伦绥靖政策的误导。

为何20世纪30年代欧洲盛行绥靖主义思想?

最为直接的影响或许是一战的深重灾难。一战后，欧洲人渴望和平，极力避免第二次欧战。但是，英法美俄并未建立一个和平稳定的国际秩序。正如凯恩斯在《和平的经济后果》中预言的那样，以严惩和瓜分德国为目的巴黎和会，激起了新一轮的世界纷争。换言之，德国发动战争是一战后糟糕的国际秩序安排的结果。

失败的国际秩序的后果是，世界和平只能寄托在危险的国家博弈及政治手段之上。

包括张伯伦在内的众多英国保守党人实际上认同凯恩斯的判断。他们对德国民族主义情绪保持了一定的宽容与同情。在慕尼黑会议上，英法对希特勒的妥协，被认为是对《凡尔赛和约》的修正。这恰恰是张伯伦给希特勒释放的最大误导。

同时，英法对波兰的态度也纵容了希特勒。

二战时，波兰对德国的抵抗固然是坚决的，但是波兰在避免这场战争中做出的国家战略是愚蠢的。在德苏夹缝中，波兰艰难生存，也试图拓展生存空间。波兰分别与苏联、德国签署了互不侵犯条约，期望扩大对黑海及乌克兰的渗透，企图与德国共同分裂捷克斯洛伐克，从而主宰斯洛伐克。波兰的不可控性，让其似乎游离于英法的保护之外，希特勒才敢于摘瓜。

1939年1月开始，德波关系突然恶化，希特勒要求波兰外交部长约瑟夫·贝克将但泽并入德国。3月，贝克拒绝了柏林谈判，并在外交部会议上宣布抗争到底。第二天，希特勒命令德国军队制订了一份对波兰的作战计划。

3月31日，英国首相张伯伦在国会上宣布，英国将确保波兰的独立。紧接着英法启动军方会谈，开始征兵，准备对德国进行为期3年的战争。

5月5日，英国外交大臣向内阁递交了一份关于但泽问题的报告，指出德国旨在吞并但泽进而主宰欧洲。

但是，英法不想直接帮助不受控的波兰壮大军事力量。四五月，波兰向英法请求贷款、武器及原材料支援，均遭到拒绝。

希特勒也由此认定，德国孤立波兰的策略成功，只要将战争控制在局部战争范围内，英法不会直接介入。5月23日，希特勒告诫他的军事将领们："我们的任务就是要孤立波兰，对波兰的孤立能否成功是行动的关键……绝对不能同时与西方其他国家发生冲突。"

为了安抚英国，狂躁的希特勒表现出难得的冷静，他向英驻德大使承诺，可以与英国结盟，"还愿意保证不论英帝国在哪方面需要援助，德国都将给予援助"。但是，这一承诺履行的前提是德国先解决波兰问题。

就在《苏德互不侵犯条约》签署的8月24日，希特勒就下达了作战命令。第一批德军已向波德边境集结，快速进入预定位置。"石勒苏益格—荷尔斯泰因"号以友好访问之名埋伏进入了但泽港，以在两天后发动奇袭。所以，这场战争爆发原定时间点是1939年8月26日上午4点30分。然而，25日晚上7点30分，希特勒却突然取消了作战命令。

希特勒为什么突然这么做？

在《苏德互不侵犯条约》签署时，英国首相张伯伦对希特勒发出警告，重申了保卫波兰的诺言，"德国政府不应对此有任何侥幸心理"。张伯伦组织成立了作战部门，其中丘吉尔进入了作战内阁。

紧接着也就是25日，英国与波兰签署了《英波互助条约》。该条约措辞含糊，但已表明若波兰遭到德国入侵，英国必须提供"能力范围内的支持和援助"。

条约签署的消息在当天确实震慑了希特勒。战后，德国空军负责人赫尔曼·戈林在一次审讯时证实了这一说法。戈林说："就在英国向波兰正式提出保证的那一天，元首打电话告诉我，他已经下令停止执行进攻波兰的预定计划。我问他这是暂时的还是永久的。他说，'不是永久的，我必须看一看能不能避免英国方面的干预'。"

25日的欧洲充满着紧张、焦躁不安的气氛，所有人都抱着宿命论等待即将、随时打响的战争。张伯伦密切关注希特勒对《英波互助条约》的反应。

然而，第二天，即26日，欧洲风平浪静。

张伯伦从外交大臣那里得到希特勒取消了作战命令的消息。当天，唐宁街10号开会讨论，多数人认为，希特勒忌惮于英国。英国外交部官员威廉·斯特朗说："我认为，只要我们态度坚定不移（非挑衅的坚定），波兰人的态度谨慎温和，和平依然还是有可能的。"

不过，希特勒的犹豫给了英国人错觉。

02
希特勒误判

从取消作战命令后到开战之前的5天时间，希特勒确实着手与英国重启谈判，他需要确认英国对波兰问题的最终态度。

这时，英国外交部对希特勒的措辞显得强硬许多："我们准备好了参战，除非他（希特勒）准备好谈谈条件。"同时，英国战争部已在做战争动员，调动防卫部队及野战部队，伦敦的博物馆紧急迁移，大规模撤侨。

在战争爆发前的最后时刻，英国的强势让希特勒颇为不安。英国人希望以此逼迫希特勒妥协与和谈。但这时英国人犯了一个致命的错误。英国人认为，保持战争及政治高压，可能导致希特勒政权崩溃。

以德国陆军总参谋长路德维希·贝克为代表的保守党与希特勒政见不合，就在一年前他率领全体陆军高级将领集体抵制希特勒入侵捷克斯洛伐克。到战争后期的1944年，贝克还组织刺杀希特勒，但未遂，遭后者处决。

英国人希望贝克如法炮制，像1938年抵制希特勒入侵捷克斯洛伐克一样阻止这场战争。他们甚至渴望最好的结局，即贝克或德国空军负责人赫尔曼·戈林元帅乘机发动政变，推翻希特勒政权。

其中一位保守派高官、最高统帅部负责战争经济和军备的托马斯少将，他向希特勒递交了一份经济与军事力量对比备忘录，希望元首悬崖勒马。备忘录显示，若与美英法爆发世界大战，德国在资源、经济力量及军力上都处于下风。

参谋长在8月27日向希特勒汇报了这一备忘录。后来托马斯回忆，希特勒看过备忘录后表示，"对世界大战的危险"一点都不担心。因为他相信，自德国与苏联结盟后，德国对波兰的战争只会是局部战争。

为什么保守党不在最后时刻推翻希特勒政权，以避免这场世界性灾难？

这个问题曾经出现在二战后的纽伦堡国际军事法庭上。保守党成员的回答令不少人感到惊讶，包括贝克、哈尔德在内的众多高官在德波战争之前认为，"希特勒是绝不会打世界大战的"，因此他们无须设法推翻他。

甚至，德国外交部长里宾特洛甫的国务秘书在27日的日记中写道："希特勒始终致力于发动一场局部战争。"

德国保守党和英国政要普遍盲信，希特勒最终会屈服，无非重启慕尼黑会议。反战派成员汉斯·吉泽菲乌斯在其回忆录中写道："每个人都确信，为期一周的谈判即将开始。"

29日，英国驻德国情报人员发回来的信息是："自从进军莱茵兰以来，此时希特勒在德国的声望已经达到了历史最低点。"30日，英国外交部收到的情报称："总理（希特勒）的态度在软化，要继续坚持，决不妥协。"

其实，上次保守党反战让希特勒颜面扫地，如今突然取消作战命令，让其备受质疑。如果希特勒再次妥协，希特勒政权反而可能被国内强大的民族主义势力所抛弃，保守派进而得逞。

希特勒决意发动战争，但为何在最后时刻又愿意接受和谈？

为战争做更加充分的准备吗？这一因素可以排除，希特勒原计划在26日发起进攻，如今已箭在弦上。更可信的理由是，希特勒在最后确认英国是否会出兵援助波兰。这将决定这场战争是局部战争还是世界大战，也将决定德国最终的胜败。

在这千钧一发的时刻，一位著名的瑞典商人成为左右局势的重要人物，他就是比尔格·达勒鲁斯。达勒鲁斯是德国空军负责人戈林的好友，他一直扮演和平使者的角色，试图避免第二次世界大战。

25日瑞典商人达勒鲁斯向英国外交大臣哈利法克斯伯爵表示，愿意调解英德矛盾。哈利法克斯伯爵以官方正在谈判为由，拒绝了他的协助。但官方的谈判没有实质性进展。

次日，即26日，哈利法克斯伯爵同意达勒鲁斯以私人名义从中斡旋。达勒鲁斯写了一封信给德国空军负责人戈林，表达了英国阻止战争的决心。这封信经戈林直接递交到了希特勒手上。达勒鲁斯后来回忆，希特勒看到这封信后对英国抱怨，“多次努力敦促开展与唐宁街的合作，但徒劳无益”。

之后几天，达勒鲁斯化身为信使来回在柏林与伦敦之间穿梭，张伯伦和希特勒都清楚地表达了各自的底线。

理查德·奥弗里认为：“他（达勒鲁斯）是个非常规的使者，他的参与基本上只是把事情搞得更糟。”

为什么？

因为达勒鲁斯的积极斡旋造成了两个糟糕的错觉：

一是，戈林对英国开放、和平的态度，让英国人误以为德国高层已经分裂，戈林有机会取代希特勒。战争爆发的前一天，即8月31日，德国成立了帝国国防委员会，戈林担任主席。英国人更加坚定了戈林发动政变的判断。

二是，这也是最糟糕的，官方的谈判被达勒鲁斯的私人斡旋替代，让希特勒误以为，英国已黔驴技穷、畏惧参战，对波兰的支持立场不够坚定。

所以，达勒鲁斯的加入，让希特勒达到了谈判的目的，即确认英国不会出兵。很可惜，希特勒误判了英国人的底线。

8月29日晚上7点15分，希特勒当面给了英驻德大使最后的答复。后者发现，希特勒的态度与前两天已完全不同。德国要求波兰将但泽和整个波兰走廊的领土划给德国，并让苏联参与解决波兰问题。同时，要求波兰政府明日派代表前来签约。

这不是和平的答复，而是“最后通牒”。

30日，双方做了一些无谓的挣扎。英驻德大使与德国外长里宾特洛甫差点拳脚相向。波兰驻德大使向里宾特洛甫确认是否还有谈判余地，但遭到拒绝。当天晚上，柏林与华沙之间的电话通信被切断。

31日，希特勒下达了“第一号作战令”。希特勒的宣传部长、“纳粹喉舌”戈培尔在当天的日记中写道，戈林向他抱怨，战争可能扩大化。戈培尔在最后时刻向希特勒表达了这种担心，但希特勒对陆军总司令布劳希奇、凯特尔元帅等保证“英国不会干预”“战争局部化”。

《“白色方案”指令》已经明确指出，政治当局认为自己的任务是：在上述情况下必须尽可能地使波兰孤立，即把战争局限在与波兰之间。

03
历史性误会

9月1日战争爆发的当天，希特勒在柏林克罗尔歌剧院发表了演讲。他称：“但泽，无论是过去还是现在，都是德国的城市；波兰走廊，无论是过去还是现在，也都是德国的领土。”

开战的消息传到英国，张伯伦发表了演讲：“为了终结希特勒的这种疯狂，从现在开始，除了以暴制暴，我们别无选择。”张伯伦发出了战争总动员令，在议会宣读了发给柏林的电报，即对德国的“最后通牒”。

希特勒一直密切地关注英国人的反应，不确定这份电报是否为“最后通牒”。令希特勒抱有幻想的是，战争爆发后，英法都没立即宣战，他正在等待慕尼黑会议的升级版。

当时，法国人希望多一两天时间撤离边境的居民。英国正请意大利的墨索里尼出面做最后的协调。同时，张伯伦需要时间说服议会通过战争紧急法案。

其实，人们容易忽略的是，法国总理达拉第，英国首相张伯伦、外交大臣哈利法克斯伯爵，这些绥靖主义者、和平主义者，这时已经成为坚定地发动世界大战的政治人物。他们试图用后一种极端的行为掩盖之前绥靖主义犯下的错误。这种转变既是在拯救他们的政治生涯，也是在拯救他们的国家。

9月3日上午11点15分，英国首相张伯伦通过BBC向英国人宣布对德国宣战。张伯伦说：“我长期以来为和平所做的努力全都徒劳无益，你可以想象这于我而言是多么沉重的打击。”这一宣战演讲多少浸染着张伯伦个人的悲情色彩。

张伯伦一直为阻止这场战争而煎熬，宣战后他反而释怀了。当天晚上，他终于睡了一个好觉。

但是，希特勒失算了。他低估了英法对德宣战的决心。

3日早上5点，希特勒就收到英驻德大使送来的真正的最后通牒。当希特勒的首席翻译保罗·施密特念完这份最后通牒后，总理府里一片死寂，希特勒及一众高官、将领不知所措。施密特在回忆录中写道，希特勒静静地坐在那里，然后用凶狠的表情看着里宾特洛甫，问道：“现在怎么办？”

1日发动对波兰的战争，到3日英法对德宣战，短短两天时间，希特勒所谓的“局部战争”已经演变为欧洲战争。

3日晚上，希特勒前往德波边境前，他安慰宣传部长戈培尔，英法不敢发动真正的战争，只是想打一场“卡洛夫克利格”式的战争（经济封锁的战争）。

当听到英国宣战后，德国海军总司令埃里克·雷德感到无比悲观：“元首以前言之凿凿地说，在1944年之前，我们不需要预备英国会宣战。”

从德国海军部署可以看出，希特勒并没有打算与英国作战，至少短期几年内没有考虑过与英国海军交火。日本为了吞并亚洲，蓄谋已久，战前便制造了10艘航空母舰。而德国没有制造一艘航母，只使用潜艇等防御性、偷袭性武器。战争爆发后，捉襟见肘的海军元帅邓尼茨只能发起“狼群战术”，运用潜艇奇袭盟军舰艇、商船。但是在雷德看来，海军行动“无非就是展示出知晓如何勇敢赴死”。

英法宣战后，除了波兰，整个欧洲都异常平静。这是一种可怕的平静。英国人、法国人似乎不用再纠结、争吵，一心平静地等待战争打响。美国小罗斯福总统重申了中立立场。波兰则兵败如山倒，德军短短几日便控制了但泽和波兰走廊。

9月17日，苏军入侵波兰，与德军共同瓜分波兰领土，建立所谓的“东方战线”。短短一个月，波兰亡国。

英法虽然向德国宣战，但并未给予节节败退的波兰军队实质性的支持。英法到底是否履行了保护波兰的承诺？史学家对此争议较大。

其实，真正导致波兰战争扩大为世界大战的，并非英法履行对波兰的保护承诺，而是英法德对波兰战争的定性。

在德国人看来，波兰战争具有道德正义性。波兰与俄国、普鲁士的纠纷由来已久。早在18世纪后期，普鲁士、俄国、奥地利帝国3次瓜分波兰领土，导致波兰亡国。波兰在欧洲地图上消失123年后，通过《凡尔赛和约》再次建立。

但是，德国人早已无视波兰的存在，认为波兰是《凡尔赛和约》的私生子。希特勒认为，发动波兰战争，夺回原本属于德国的但泽与波兰走廊，是具有正义性的。

甚至在希特勒看来，英法对德宣战反而缺乏正义性。希特勒在其发布的《第一号作战令》中写道："在西线，重要的是，让英国和法国单方面承担首开战乱的责任。"

但是，英法认为，波兰战争是希特勒吞并欧洲的开始，他们试图遏制希特勒像当年的德皇二世一样发动世界大战。

就在《苏德互不侵犯条约》签署的当天，张伯伦以个人名义给希特勒写了一封信，他将希特勒可能发动的战争类比为一战："要是英王陛下政府在1914年把立场表示得更明确一些，那场巨大的灾难就可能不致发生……这次英王陛下政府决心不再让这种悲剧性的误解重演。"

所以，英法当时无暇顾及波兰亡国，英法军队首要任务是防御德军入侵，法军将重兵部署在马其诺防线。

这是不是一次历史性的误会？

"历史必然性"观点不支持这一主张。希特勒作为独裁者，国家主义、军国主义的德国，与英法美自由世界似乎终有一战。纳粹德国存在巨大的不稳定因素，如糟糕的国际秩序、经济国家主义、极端民族主义、纳粹党政府及脆弱的贸易关系。

德波战争或许是《凡尔赛协议》的必然结果，或者是一战的延伸。但从德波战争到第二次世界大战，其中有不少政治人物侥幸与误判的因素。即便英法未宣战，侥幸与误判或许会继续引诱这位独裁者在德波战争若干年后发动欧洲内战。

丘吉尔是绥靖政策的坚决反对者，他曾在慕尼黑会议后称："我们已经遭到一次完全、彻底的失败。"战争进入第二年，在议会的压力下，张伯伦辞职，提议丘吉尔组阁。与张伯伦不同，丘吉尔有着坚强的意志及胜利的信念。

很多人假设，如果战争爆发前丘吉尔取代了张伯伦，这位富有远见的战略家能否遏制希特勒的野心，二战能否避免？

1946年3月5日，丘吉尔在美国富尔顿城威斯敏斯特学院发表了富有争议的铁幕演说。人类刚刚告别了二战，又迎来了近半个世纪的冷战……

透过历史必然性，洞悉历史人物在当时的每一个抉择，我们才能更加深刻地感受到历史演变的复杂性与现实走向的不确定性——关键人物的侥幸与误判，或是战争爆发、加速、扩大的重要影响因素。

参考文献

[1] 尼古拉斯 · 韦普肖特. 哈耶克大战凯恩斯[M]. 闾佳，译. 北京：机械工业出版社，2013.

[2] 凯恩斯. 和约的经济后果[M]. 张军，贾晓屿，译. 北京：华夏出版社，2008.

[3] 理查德 · 奥弗里. 二战爆发前十天[M]. 吴奕俊，译. 海口：海南出版社，2019.

[4] 威廉 · 夏伊勒. 第三帝国的兴亡[M]. 董乐山，等，译. 北京：译林出版社，2020.

大家治学

治学，“博学之，审问之，慎思之，明辨之，笃行之”。

观大家治学，如晨钟暮鼓、拂尘之音，往往雄浑悠远、激荡人心。

相对其他学科的学者，经济学家们往往更有趣、入世。他们关注一个面包、一棵橘树的价格变动，也痴迷于丝丝入扣、一丝不苟的逻辑推演。

走近经济学家，触碰乐观、理性的人性之光。

哈耶克：乌托邦的掘墓人

1974年，欧美世界正在爆发恶性通胀。记者问哈耶克："我好奇的是，你是怎么看到自由在我们这个时代或在未来的前景的？"

哈耶克回答说："我曾经预言，通货膨胀将会导致所有西方国家实行对价格的控制，从而演变为计划经济。没有人胆敢终止通货膨胀政策，因为不搞通货膨胀，就不可避免地会导致失业……他们会通过控制价格来控制通货膨胀，当然，这就意味着市场体系的终结，意味着自由的政治秩序的终结。"

哈耶克的生命，几乎贯穿了整个20世纪，他目睹或亲历了这个世纪发生的所有大事。哈耶克的名声也因20世纪的思想浪潮而跌宕起伏。"昨天的异类是明天的教父"，哈耶克似乎成了每一个时代思想市场的晴雨表。

重读哈耶克，重审大时代，本节回顾哈耶克生平及其思想。

01
黄金时代

19世纪末20世纪初，是维也纳的黄金时代。

对于此时的维也纳，茨威格在《昨日的世界》中有着这样的描述：欧洲的文化潮流都聚集在这里，这座音乐之都博采众长，将各类型的人才都吸引到自己的身边，把一切拥有巨大差异的文化熔为一炉。这座城市的每个市民都在不知不觉中被培养成超民族主义者、世界主义者和世界公民。

弗里德里希·奥古斯特·冯·哈耶克就诞生在这个年代。1899年，他出生在维也纳的哈耶克家族。

在奥匈帝国，“冯”是贵族中的第二等级。哈耶克家族与王室贵族有渊源，哈耶克的父亲、母亲都出生在当地的贵族家庭里。哈耶克父亲是技术官员，对植物学很有研究，祖父古斯塔夫艾德勒·冯·哈耶克也是一个生物学家。外祖父弗兰茨·冯·尤拉舍克在当地属最富裕阶层，他还是奥地利的经济学家，与奥地利经济学派第二代传人庞巴维克是好朋友。

上学期间，哈耶克的成绩并不好。除了生物，拉丁语、希腊语和数学都常常不及格。不过他热爱阅读，经常沉浸在黄金时代的书籍天堂里。

在哈耶克15岁时，黄金时代戛然而止，一战爆发了。战争改变了欧洲大陆的一切，原来的自由流通、繁荣思想在炮火中灰飞烟灭。

“战前我享受过最高度最完整的自由，可战后却尝到了数世纪以来最大的不自由。”茨威格这样说。

不过，当时的哈耶克并不清楚战争意味着什么。他在年满18岁时如愿参军，被派往意大利前线。1918年，奥匈帝国战败，统治了奥匈帝国640年的哈布斯堡王朝覆灭。新生的奥地利共和国却脆弱不堪，维也纳的经济千疮百孔，物价崩溃，贵族封号被取缔。

经历了政治的幻灭和家国的兴亡，德意志、奥地利及欧洲大陆的知识分子对资本主义产生了怀疑，经典社会主义学说对众多年轻人产生了巨大吸引力。距离维也纳很近的布达佩斯甚至建立了寿命达几个月的共产主义政府。在此之前的1917年，苏维埃革命爆发，苏联也成立了第一个社会主义国家。

哈耶克也开始对经典社会主义产生了向往，但也在此时，哈耶克进入了维也纳大学学习。在这里，哈耶克遇见了他的授业恩师维塞尔和米塞斯。进入维也纳大学的第一年，哈耶克感觉这里的经济学系“死气沉沉”。此时，庞巴维克刚刚去世，维塞尔前往政府部门任职，经济学系里少有大师坐镇。

虽然王朝覆灭，但维也纳大学此时尚且维持着学术繁荣的余晖，也保持着自由学风。维也纳大学鼓励学生自由探索学术方向，授课以讲座方式进行，除了三项考试，没有其他测验，也很少有书面作业。

在动荡的战争年代，许多学者涌入了维也纳大学。哈耶克参加了各种各样的讲座，旁听各种各样的课程，不断学习新专业的知识。法律、政治经济学、心理学，是哈耶克此时的学习重点，奠定了他日后的学术方向——前期经济学，后期政治哲学。

改变哈耶克学术思想的正是米塞斯以及米塞斯与兰格关于社会主义经济核算的论战。这转变了哈耶克对经典社会主义的观念，开始了一生的“战斗”。

1921年，哈耶克拿到了博士学位，需要找一份养活自己的工作。在维塞尔的推荐下，哈耶克前去拜访米塞斯，开启了与米塞斯终身的友谊。

米塞斯在1906年也曾获得维也纳大学法律博士学位，参加过庞巴维克的讲习班。1913—1934年，米塞斯一直在维也纳大学担任编外讲师，同时担任奥地利商会经济学家、奥地利政府的首席经济顾问。

作为哈耶克的导师，维塞尔向米塞斯写了推荐信，形容哈耶克是一位“前途无量的经济学家”。这时，米塞斯已经略有名气，但性格上是一个固执、好斗的人。对这封信，米塞斯的态度是：既然如此，为何我从来没有在自己的课堂上见过他？

不过，当接见哈耶克且经过一番交谈后，米塞斯对哈耶克的学术能力有了一些肯定。当时，维也纳成立了一个临时性机构“清偿局”，米塞斯以商业部代表的身份在那工作。米塞斯帮助哈耶克在此处谋得了一个职位。

在维也纳期间，米塞斯也延续着参加讲习班的习惯。这些私人讲习班聚集了众多学者，对哈耶克的思想启发很重要。米塞斯讨论的两大问题对哈耶克影响深远：一是社会主义经济核算，二是社会科学的方法论问题（米塞斯的《经济科学的最终基础：一篇关于方法的论文》）。

一战后，奥地利政府通过了国有化法案。传统自由主义遭遇休克，经典社会主义成为明灯，要求国家干预的言论盛行。原有的秩序遭受挑战，米塞斯是坚定站出来维护古典自由主义的那一批人。

1920年，米塞斯发表了《社会主义国家的经济计划》。文章从价格核算的角度阐明："一个没有私有财产、没有价格的国家不可能做出有效率的经济决策。"受此冲击，哈耶克彻底转变为一名自由主义者。这篇文章还启发哈耶克后期提出价格信息理论。

米塞斯影响哈耶克的另一领域，是他强调终极知识源于内心的"先验"方法论。这也是奥地利学派所主张的方法论，他们认为，知识是内在的、既定的，经验发现不能驳倒理论。当然，后来到英国，哈耶克的方法论受到了苏格兰经验主义和波普尔的证伪主义的影响。

1923年，在米塞斯的推荐下，哈耶克前往美国纽约大学担任助理。这段游学经历十分窘迫，哈耶克到达纽约时，口袋里只剩下25美元。无奈之下，他甚至做好了去餐厅刷盘子的准备。还好，他最终联系到了纽约大学教授耶利米·精奇。在美国做助理期间，哈耶克研究货币政策和商业波动的方向，这帮助他完成了商业周期理论。

哈耶克商业周期理论源泉是米塞斯，实际观察来自美国。米塞斯十分反对政府干预经济，他提出增加货币供应会导致生产结构扭曲。20世纪20年代的美国，进入了咆哮时代，经济飞速增长。但是，哈耶克观察到，这种经济增长来自信贷过度扩张，是不可持续的。

哈耶克在米塞斯的基础上，融入维克塞尔的"累积过程理论"和庞巴维克的"迂回生产"理论。他认为，一旦央行干预经济，增加货币供给后，会影响银行利率，与自然利率发生偏差。银行压低利率后，信用扩张，从而会给企业家一种误判，进而扩大生产，加大对未来的投资，从生产消费品到加强资本投入，但一段时间后，企业家发现实际的购买力根本不足以支撑扩大化生产，经济繁荣则难以为继，进而出现经济危机。

1924年，哈耶克返回维也纳。受到美国研究所的影响，哈耶克回到奥地利后也计划组建研究所，米塞斯为哈耶克寻找资助人。1927年，哈耶克创办了奥地利商业周期研究中心并担任所长，米塞斯则担任副理事长。

1929年，哈耶克把对商业周期的研究成果写成了论文《货币理论与商业周期》。同年，他获得了维也纳大学经济学的编外讲师职位。这是哈耶克的第一篇专著，仅凭这一成果，哈耶克就可以在经济学历史上获得一席之地。而且在当下，哈耶克的商业周期理论越发重要。

02
反乌托邦

1928年，罗宾斯邀请哈耶克来伦敦参加会议。在会上，哈耶克有备而来，与凯恩斯绅士“对决”。

其实哈耶克对于凯恩斯从无敌意，早在凯恩斯发表《和约的经济后果》后，哈耶克称赞凯恩斯是奥地利人的“大英雄”。而且当时，凯恩斯已名满天下，哈耶克只是一位“迷弟”。

不过，罗宾斯有心插柳，预设擂台，哈耶克迎难而上。当时的罗宾斯，是伦敦政治经济学院最年轻的教授，又受到领导的器重。他十分希望能够将公众的眼光转移到伦敦，让年轻的伦敦政治经济学院与欧洲经济学学术中心剑桥大学分庭抗礼。而当时最好的机会无疑是挑战风头正劲且颇具争议的剑桥凯恩斯。

一战后，英国经济陷入持续萧条。凯恩斯批评政府政策，与马歇尔经济学决裂，提出政府投资、消费拉动等干预主张。他在广播里鼓动妇女出去消费，促进经济恢复。罗宾斯、庇古等经济学家皆反对凯恩斯，罗凯二人还曾一同共事，最终不欢而散。一个偶然的机会，罗宾斯发现了哈耶克撰写的一篇文章《储蓄“悖论”》。他认为，这篇文章的观点恰好能够反驳凯恩斯。

于是，罗宾斯邀请哈耶克前来英国演讲，首场讲座便在剑桥学院的大本营举办。不过由于哈耶克蹩脚的英语和冷门的奥地利派理论，现场的反响比较冷淡，没有讨论声，也没有观众发起提问。当时，只有凯恩斯最亲密的门徒理查德 · 卡恩，站起来发问哈耶克：“你的意思是说，假如我明天上街买一件新外套，失业率会因此增加？”

哈耶克点头说，是的。但他继而表示，这需要更长的时间进行数学论证。随后，哈耶克就“物价与生产”的话题在伦敦发表了4次演讲，基本是在陈述其商业周期理论。他认为，扩张信贷将市场利率降到自然利率之下，导致企业家将资金投向远离最终消费的“资本化程度较高的生产”，增加迂回生产的风险与资源错配——投资品过度投资，即期消费品不足。当通胀来临时，这种人为制造的繁荣便终结，接下来是不当投资引发企业破产和经济危机。这时，只能由一场危机和失业来清算之前的不当投资与政府干预。显然，这些观点与凯恩斯针锋相对。

1931年《物价与生产》一书出版，这本书正是这4次演讲的合集。随后，哈耶克也被聘为伦敦政治经济学院的教授。

罗宾斯将哈耶克的《储蓄“悖论”》发表在《经济学刊》的头

条，他正是这个报刊的主理人。在8月刊里，哈耶克率先对《货币论》发起批评，这篇文章也被罗宾斯安排在《经济学刊》的头条上。下一个月刊里，凯恩斯的回应文章作为《经济学刊》头条。

乘胜追击，哈耶克与罗宾斯商量后选择了《货币论》作为辩论点。他写了一篇长达26页的书评，凯恩斯发表了《对哈耶克博士的回复一文》，一一辩驳，也写下了对《物价与生产》的批评。

你来我往，哈耶克与凯恩斯之间的论战，是两种不同观点的交锋，在英国经济学界掀起波澜。罗宾斯主理的《经济学刊》成为他们俩论战的主擂台，这个新成立的学刊的地位也顺势攀升，这正合罗宾斯心意。并且，凯恩斯的回应让英国经济学界开始注意到了哈耶克。

二人的论战直击主题，但是论战质量堪忧。双方在语言与语义上耗费太大，哈耶克对凯恩斯新创造的名词怀有质疑，而凯恩斯对德语下的奥地利学派不甚了解。这让双方感到疲惫。

1932年初，凯恩斯选择息战，只派出他的门徒斯拉法来回击哈耶克，这时，他决定沉下心来写一部新的作品。事实上，在与哈耶克的论战中，他的确感受到自己在微观理论上难以自圆其说。

最重要的是，这时大萧条爆发了。

实际上，哈耶克与米塞斯的商业周期理论预言了大危机的到来。迄今为止，这一理论也是解释金融危机最为充分的理论。但是，在当时，时局正在快速抛弃哈耶克。

1936年，大萧条蔓延，经济崩溃，企业破产，工人失业，企业家绝望，政治家和经济学家迷茫。这时，凯恩斯的《通论》出版，政治家拿着它向选民承诺，经济学家视其为学术之光。

哈耶克并没有对凯恩斯的《通论》予以系统性的回击。实际上，起初他也有这个计划。在《通论》中，凯恩斯找到了3个微观理论来支持有效需求不足及干预主义。哈耶克一时难以用单篇文章来回应这一整套理论体系。最重要的是，当时凯氏理论风靡政学两界，声势浩大，拥护者众。

哈耶克及古典自由主义被抛弃了。20世纪30年代后期，曾信奉自由主义的人，就连哈耶克的助手卡尔多和学生约翰·希克斯也都改投凯氏门庭。哈耶克的讲座变得冷清，卡尔多时常在课堂上故意刁难哈耶克，后者颇感难堪和苦闷。

此后，哈耶克做了一些挣扎。他在1937年出版了小册子《货币民族主义与国际稳定》，在1939年出版了《利润、利息和投资》一书。1940年，哈耶克把关于货币、价格与生产的理论写成了《资本的纯理论》，但没有引起学界的关注。这是哈耶克最后一部纯经济学研究，此后他走向了另外一条学术道路——政治哲学（政治、法学、心理学与社会学）。

哈耶克改变学术道路是不是他与凯恩斯辩论“失败”的结果？其实，当理性的声音被狂热的噪声淹没时，你自然就会往这方面想：是不是人的观念出了问题？用他的话来说就是：“只有观念才能战胜观念。”

这条路的起点，源自哈耶克在1936年发表的《经济学与知识》，“这是哈耶克学术生涯后半部分转型中最重要的一篇论文”。哈耶克将研究聚焦在个体行为上，他认为，人的行为本质上是信息传递问题，私人产权、价格、利润、服务等也是一种信息。他将市场分工推进到知识分工领域（信息分散化）。这让他怀疑苏联社会主义下那种统一决策的可能性。

接着，二战爆发，奥地利及欧洲大陆被纳粹德国摧毁，米塞斯逃难美国。1940年，伦敦进入了战时状态，伦敦政治经济学院的全体师生迁移到剑桥，剑桥便逐渐成为战争时期的一块绿洲。这时候，哈耶克与凯恩斯交往变得密切了。凯恩斯帮助哈耶克在剑桥大学国王学院找到了一个住处。凯恩斯积极参与战时政策的种种举动也为哈耶克所赞扬。

对凯恩斯出版的《如何筹款应付战争》，哈耶克评价道："战争爆发，凯恩斯几乎是唯一明白事理、愿意并能够保护我们不受通货膨胀冲击的人。整个战时，我都站在凯恩斯一边。有他在，我觉得大快我心。"

二战期间，哈耶克与凯恩斯是同一个战壕里的人，他们共同的敌人是纳粹主义。凯恩斯在政治上坚持作战，哈耶克在学术上苦苦坚守——准确地说，哈耶克这时正在转向政治哲学领域，与极权主义顽强斗争。

1944年，纳粹德国败局已定，哈耶克的《通往奴役之路》横空出世，一鸣惊人，风靡世界。这本书在思想上给极权主义最后一击。但是，哈耶克撰写这本书的真正目的是，他担心战时备受推崇的国家管制及苏联社会主义在战后的英国及欧洲膨胀。对于自由社会的前途，哈耶克忧心忡忡。

"通往地狱的路都是由美好的愿望铺就而成的"，"总是使人间变成地狱的东西，恰恰人们试图使其成为天堂"，哈耶克在书中引用了德国诗人荷尔德林的话，想以此警醒那些对乌托邦心存幻想的民众。

当时，丘吉尔也在大选中提到此书，并借此对工党发起攻击。这一事件更让《通往奴役之路》成为全国谈论的热点话题。"世界正在走向左倾吗"，《纽约时报》发文报道这本书，并且引发了广泛讨论。

在前往布雷顿森林会议的路上，凯恩斯对这本书写下了回应，他旗帜鲜明地表示：道德上、哲学上，我几乎赞同这本书的全部内容。不过，凯恩斯显然不同意书中政府干预导致极权主义的论述。

此时，哈耶克化身为“乌托邦”的掘墓人，身披“自由斗士”荣誉，战斗不止，名满天下。

但是，这本书给哈耶克在经济学界带来的名声，是让他始料未及的。这本书的火爆，让他彻底丧失了专业经济学家的身份。学界认为这不过是一本“流行读物”，哈耶克是一个政治宣传家和鼓动家。对此，哈耶克耿耿于怀，但又颇为无奈。时至今日，这种标签依然无法抹去。

更让哈耶克始料未及的是，二战后的自由主义只不过是昙花一现。

1945年，二战结束。哈耶克乘胜追击，发表了一篇很重要的文章《知识在社会中的应用》，其成为他后来被引用次数最多的论文之一。这篇文章在“知识分工”上做了延伸，首次清晰提出了“价格体系”之于市场的重要性。哈耶克认为，“从根本上说，在一个相关事实的知识掌握在分散的许多人手中的体系中，价格能协调不同个人的单独行为”。这篇文章在米塞斯的社会主义经济核算基础上前进了一大步。哈耶克认为，只有价格才能将分散在所有人身上的信息整合起来，而计划是无法实现的。

第二年，凯恩斯去世。哈耶克信心满满，曾以为自己是世上的另一个“最有名的经济学家”了——哈耶克后来对自己有这种想法感到愧疚。1947年，哈耶克邀请弗里德曼、欧根、波普尔等来到瑞士，创办了朝圣山学社，试图复苏古典自由主义。

然而，时代再次抛弃了哈耶克。二战后，短暂的自由主义热潮大讨论被搁置，欧美世界完全没有按哈耶克担心的最糟糕的、抑或是设想完美的道路上演进，而是走向了所谓的“中间道路”：美国在罗斯福新政上过渡到了凯恩斯主义时代。英国工党艾德礼击败了丘吉尔，奉行费边主义，开启了福利国家道路。有人戏言，《通往奴役之路》让丘吉尔丢掉了选票。联邦德国的艾哈德奉行欧根经济思想，实施经济改革，走上了“社会市场经济”道路。当然，苏联的计划经济如火如荼，“冷战”即将拉开序幕。

凯恩斯去世后，哈耶克的名字迅速被人遗忘。

03
自发秩序

在凯恩斯主义主导学界的大环境下，世界上还有一个角落在被保护之下蓬勃兴起了自由主义的学潮，那就是芝加哥大学。

1948年，哈耶克接受了芝加哥大学思想委员会的道德哲学教授委任。这是芝加哥大学校长提倡的跨学科研究方法的一种实验。聘请哈耶克来的思想委员会主席是约翰·内夫，他告诉哈耶克：“只要你愿意，你可以讲授社会科学领域的任何问题。如果什么时候你不想讲课了，你就可以不讲。”

哈耶克为什么没有进入芝加哥大学经济学系？这个问题，后来弗里德曼做了解释。他当时也刚来经济系不久，还没资格参与讨论这个问题。但是，他的理解是，芝加哥的传统是教授治校，任何受校长指派、外部赞助的人物，经济系都会反对。更何况，经济系对哈耶克的学术并不了解。其实，哈耶克本人也不太希望再进入经济学领域，他此刻认为政治哲学包含了前者，观念的理论更重要。

促使哈耶克离开英国，前往美国的还有另外一个原因。1949年，哈耶克决心要与他的第一任妻子赫拉离婚，重新与奥地利青梅竹马的表妹在一起。他承受了巨大的舆论压力，这也导致了他与英国好友罗宾斯的嫌隙加深，两人甚至为此断交。直到赫拉去世，两人才和解。

1950年，哈耶克辞去了伦敦政治经济学院的教职，前往芝加哥大学。在芝加哥大学期间，哈耶克延续着自由主义的薪火。他开设了讨论课，话题多以自由主义为中心。参与进来的学者众多，如弗里德曼、休厄尔·莱特、恩里科·费米等。

弗里德曼此时与哈耶克交流频繁，在哈耶克离职芝加哥大学的晚宴上，他这么评价哈耶克："历史上曾经试图影响舆论的人，却很少有人能像他一样提出足以影响科学进程、透彻、渊博而又深刻的学术思想。也很少有人能像哈耶克那样，对整个西方世界而不仅仅是对美国的观念，产生如此深远的影响。"

不过，哈耶克对芝加哥大学经济系及弗里德曼的理论几乎没有影响。哈耶克说过，他与弗里德曼之间存在诸多共识，除了货币理论和方法论。弗里德曼是哈耶克在朝圣山学会中的坚定支持者，为了避免二人分裂，他们几乎不会去触碰分歧领域。

在此期间，哈耶克深耕于政治哲学，撰写了《个人主义与经济秩序》（1948年）和《科学的反革命》（1952年）。哈耶克大量涉猎英国古典自由主义的理论，主要是大卫·休谟、斯密和小密尔的自由观念。在《个人主义与经济秩序》中，哈耶克已经在政治哲学的学术道路上，从知识分工、价格体系推进到主观主义与反建构主义。在《科学的反革命》中，哈耶克反对孔德、圣西门等将科学主义带入经济学领域。他反对理性的滥用，批判笛卡尔理性主义导致人为建构秩序的可怕后果。

哈耶克还花了大量的精力写作《自由宪章》，试图从法律的角度解释自由，阐述自由、民主与法治的关系。他反复论述一些观点，如民主是自由的保障而不是目的，经济自由促进政治自由等。他查遍了学术文献，在书中做了令人惊叹的引用和备注，堪称是《通往奴役之路》的学术版、升级版。哈耶克本以为这本书会获得跟《通往奴役之路》一样的回应，但是市场反响十分平淡。不过，在美国、英国的政界和知识分子间，这本书的影响其实已经传开。

1960年，61岁的哈耶克考虑离开芝加哥大学。这纯粹是因为经济原因，此时的他几乎没有储蓄，离婚后的生活成本增加让他陷入窘境。

1962年，机缘巧合之下，联邦德国的弗赖堡大学向哈耶克发出邀请，请他教授政治经济学。弗赖堡大学是欧根的大本营，早年哈耶克经常从英国开车到弗赖堡大学找欧根聊天，不过此时，欧根已经去世。

哈耶克在弗赖堡大学过得还算舒服，这里学术氛围与维也纳大学十分相似，经济学又设立在法律系教学课程中，他的政治哲学理论正好可以发挥作用。除了学术研究，他与妻子也频繁旅游。

在此期间，哈耶克写出了《法律、立法和自由》一书。这本书更像《自由宪章》的续集，但是以更专业的水平撰写而成。哈耶克试图解答前书遗留的问题，即法律的诞生与自由的关系。哈耶克在书中提到了自然法，但拒绝了建构主义，提出了自发秩序。

自发秩序，源自英国经验主义，有休谟和斯密的思想成分，也有保守主义的特点。但是，哈耶克否认自己是一位保守主义者。所谓自发秩序，强调完全自然状态演进下形成的人类社会秩序，不受任何人为的干扰。犹如自然界的生物自我进化，人类社会的内部演化也不应被某一个人或者少数人干扰。哈耶克试图用自发秩序反对一切人为的理性的建构的制度。到这里，他提出，国家和社会围绕着市场自发秩序来演变。他认为政府应该存在，但这种政府不是“最小化的政府”，而是“竞争最大化”的政府。他甚至提出，用自发秩序来解构一切规则与伦理秩序。除了少数亲人外，邻里关系、国民关系都应该是“自生自发”的关系。哈耶克认为这是“普遍的和平秩序”。

自发秩序，是哈耶克思想的核心，也是其思想旅途的巅峰。但是，《法律、立法与自由》这本书没有引起太多关注。其一是因为晦涩难懂，其二是因为分期出版，而到最后一部分时，哈耶克因为身体原因难以完稿。到20世纪60年代末，哈耶克长期遭受抑郁症和心脏病的折磨。

1969年，他调到萨尔茨堡大学，也是因为经济原因。但这里的生活不如意，这个大学的经济系规模很小，与哈耶克在学术上能够有所交流的人不多。就在哈耶克仿佛陷入了他人生的低谷时，历史的潮流又要被改写了。

20世纪70年代，欧美世界爆发滞胀危机，高通胀、高失业率并行，凯恩斯主义节节败退，自由主义失而复得。在美国，弗里德曼扛起了大旗，在欧洲，哈耶克被推到了前台。

1972年，一本名为《处境比预料的艰难：凯恩斯的通货膨胀遗产》的畅销书应时而出，书中收录了哈耶克早年多篇文章。面对眼前一团糟的经济状况，人们内心默默承认：哈耶克曾经对凯恩斯的批评都是对的。哈耶克重新回到了欧洲公众眼前。

这时，哈耶克获得了一个消息：他获得了1974年的诺贝尔经济学奖。谁都没有预料到哈耶克会获奖，毕竟他已经被经济学界冷落了30余年。哈耶克本人也十分吃惊，但毫无疑问，这种荣光也令他无比骄傲。

值得一提的是，这次经济学获奖者有两位，另一位是缪尔达尔，一位高举左翼大旗的瑞典经济学家。有一种观点认为，经济学家担心缪尔达尔的获奖会引起争论，因此加上了哈耶克，以此中和争论。

但是，这些并不重要了，时代潮流正在转向他苦苦坚守一生的那方阵地。哈耶克是第一位获得诺贝尔经济学奖的自由主义者。诺贝尔奖再次给哈耶克带来世界级的名望。1975年，撒切尔夫人成为英国保守党主席后，众人对站在领袖背后的这位“哲学大师”更加好奇。撒切尔夫人在一次与内部官员争论时，突然从手提包中拿出一本书，正是哈耶克的《自由宪章》。她大声对官员们说道：“这才是我们应该信仰的。”

在英国的大众媒体渲染下，哈耶克甚至成为撒切尔夫人幕后的军师，甚至还有“教父”一说。事实上，哈耶克与撒切尔夫人只见过两次面。

奇妙的是，哈耶克的身体也开始好转，当时一位同僚评价：“获奖前后的哈耶克几乎判若两人。”1978年，哈耶克论战的兴致越发浓厚，他想要组织一场关于经典社会主义的大规模辩论。但是，最终这场擂台赛也没有办成。哈耶克便将自己对辩论赛的想法，撰写成书，即《致命的自负》。

最后几年的学术生涯，哈耶克将精力贡献给了《致命的自负》。不过，这部作品在学术上没能超越之前的。这本书的收获应该是回归到了方法论上，哈耶克形式上还是针对经典社会主义，实质上是从方法论上，主要是反对笛卡尔理性主义、建构主义，主张自发秩序（主观主义、知识分工、个人产权与价格机制），诠释人类文明的诞生与演进。当然，哈耶克在此也否定了弗里德曼的“实证主义”。

1989年，《福布斯》杂志来到哈耶克家里采访，他对采访感到很愉快。此时哈耶克的开怀或许还有另一种原因：这时，世界正在剧变。

哈耶克一生足够幸运，从纳粹主义到凯恩斯主义，再到苏联解体，他亲眼见到自己所反对的一切土崩瓦解。

1991年，哈耶克获得了美国总统自由勋章，以表彰他为自由主义做出的贡献。次年3月23日，哈耶克在弗莱堡离世，终年近93岁。他被埋葬在故土维也纳的林边墓地中。在葬礼上，约翰内斯 · 沙申神父用德语布道说：

“他也曾一度寻求解决人类所面临的种种大问题，他曾经努力地寻找答案。他本人确信，他找到的答案仅仅是一块马赛克瓷砖中的一小片而已。”

20世纪，是职业经济学家崛起的世纪，却是思想家衰落的世纪。这个时代，哈耶克的名字逐渐被人遗忘。或许，回归平淡正是哈耶克所希望看到的。人类在20世纪70年代后逐步完成了自由主义救赎，哈耶克念叨一生的教条已成为令人生腻的常识，那些“马赛克瓷砖”已布满厕所的墙壁。然而，当智者遍地行走的时候，正义与勇敢的纯正品质又成为时代的稀缺品。

致敬弗里德里希·奥古斯特·冯·哈耶克！

参考文献

[1] 斯蒂芬·茨威格. 昨日的世界[M]. 舒昌善，孙龙生，刘春华，等，译. 桂林：广西师范大学出版社，2004.

[2] 艾伦·埃博斯坦. 哈耶克传[M]. 秋风，译. 北京：中信出版社，2014.

[3] 路德维希·冯·米塞斯. 社会主义：经济学与社会学的分析[M]. 王建民，冯克利，崔树义，译. 北京：商务印书馆，2018.

[4] 哈耶克. 价格与生产[M]. 许大川，译. 台北：台湾银行经济研究室，1966.

[5] 美国经济学会. 美国评论百年经典论文[M]. 杨春学，于飞，译. 北京：社会科学文献出版社，2018.

[6] 布鲁斯·考德威尔. 哈耶克评传[M]. 冯克利，译. 北京：商务印书馆，2007.

[7] 哈耶克. 法律、立法与自由[M]. 邓正来，张守东，李静冰，等，译. 北京：中国大百科全书出版社，2000.

[8] 哈耶克. 致命的自负[M]. 冯克利，胡晋华，译. 北京：中国社会科学出版社，2000.

诺奖得主伯南克：当前大危机的始作俑者？

2022年10月，2022年诺贝尔经济学奖得主揭晓。美联储前主席本·伯南克（Ben S. Bernanke）、道格拉斯·戴蒙德（Douglas W. Diamond）和菲利普·迪布维格（Philip H. Dybvig）3位美国经济学家因对银行和金融危机领域研究的突出贡献而获得这一奖项。

经济科学奖委员会主席Tore Ellingsen表示："获奖者的见解提高了我们避免严重危机和昂贵救助的能力。"

诺贝尔经济学奖不是诺贝尔奖的"嫡系"，它是由1968年诺贝尔基金会在瑞典中央银行成立300周年时收到一笔捐款而设立的。诺贝尔经济学奖评定标准不好把握，有时颁出和平奖的味道，争议相对大些。

不过，2022年这3位"牌面"和"成色"较足。其中，知名度最大的是美联储前主席本·伯南克；戴蒙德为美国金融协会的前主席，迪布维格为西方金融协会主席，二人凭借原创性贡献近年被业界视为诺奖的热门人选。3位研究的共同方向是银行中介、银行监管、金融危机的应对。

本节介绍和分析3位得主在银行和金融危机领域的研究成果，及其与金融危机的关系。

01
商业银行为何存在？

对于舆论市场来说，虽然伯南克的“咖位”更大，但我还是得从道格拉斯·戴蒙德说起。

戴蒙德是一位“50后”，1975年获得布朗大学的学士学位，1976年获得耶鲁大学的硕士学位，1980年获得该校的博士学位。本科期间，他还曾短暂地担任过芝加哥大学加里·贝克尔教授的项目助理。获得博士学位后，戴蒙德一直在芝加哥大学任教，现在是芝加哥大学布斯商学院莫顿·米勒讲席讲授。

戴蒙德教授的经历似乎少一些传奇色彩，但其学术功底还是很深厚的，主要集中在金融中介、流动性危机和金融监管上。他和迪布维格在这一领域因做出开创性的贡献而获得较高的学术地位和诸多荣誉。

先说金融中介。金融中介的存在，是一个比较古老的话题。20世纪七八十年代，这个话题再度升温。市场开始意识到商业银行的地位逐渐下降。对商业银行造成冲击的是当时正在崛起的两股新势力：投资银行和信息技术。

1971年布雷顿森林体系解体后，浮动汇率撬动了投资银行市场，同时伴随着美国分业银行管理制度的松动，大量资金从商业银行流入经营外汇、股票、基金、债券、期货的金融机构，商业银行日渐“失宠”。

信息技术，一方面提高了商业银行在支付和清算方面的效率，大大增强了其吸收存款、贷款扩张和风险管控的能力，从中央银行手上争取了更多的货币供应权；但是，另一方面，打破了信息隔离去中介化，帮助资金绕开商业银行直接输送给需求方，实现了“金融脱媒”。

如果说投资银行是商业银行的直接竞争者，那么信息技术可能就是商业银行的“掘墓人”。不过，戴蒙德并不认同这种观点，为金融中介正名。

受斯蒂格利茨开创的信息经济学的影响，勒兰德和帕勒于1976年在《信息不对称、金融结构和金融中介》中提出一个观点：“金融中介存在是对信息不对称的反应。”这句话打开了戴蒙德的学术“窗户”，他按这一思路开始研究金融中介。

戴蒙德提出了三种观点来解释银行存在的价值：流动性风险、代理监管和流动性支持。

流动性风险，是指出借方在资金跨期配置中容易出现流动性被“冻结”的风险。比如，哈耶克将钱借给一家房地产企业，周期为3年。其间，哈耶克突遇资金周转困境需要赎回这笔借款，但借款方无法支持，将造成重大项目损失。

1983年，戴蒙德在与迪布维格合作的论文《银行挤兑、存款保险和流动性》中指出，银行作为金融中介的介入，可以为陷入流动性危机的投资者提供保险，减少冲击带来的破坏。原因是，银行的活期存款可以让存款人随时赎回，同时不必对借款人抽贷。在资金跨期配置中存在“借短贷长”的矛盾，即出借方希望短借，借款方希望长借。银行作为中介机构化解了这一矛盾，实现了资金的跨期配置。

代理监管，是指金融中介作为存贷两方的代理人监督履约。1984年，戴蒙德在论文《金融中介和代理监督》中提出了著名的

“代理监督”（delegated monitoring）理论。他认为，由于信息不对称，出借方很难监督借款方；反之亦然。银行作为金融中介扮演代理监管的角色，可以降低违约风险。

流动性支持，是指专用设备等固定资产缺乏流动性，而银行可以为专用型资产提供流动性支持。戴蒙德和拉詹合作的论文认为，银行为专用型资产提供流动性支持，可以增加企业家购置专用设备的信心。这一理论可能受到了新制度经济学家威廉姆森的专用性资产与合约理论的影响。

如何评价戴蒙德、迪布维格、拉詹对银行作为金融中介而存在的解释？

第一，戴蒙德认可银行的重要性，但其将银行界定为金融中介而解释，未及本质。

本质上，银行并不是金融中介，而是投资公司。我们不能忽略两个重要的历史事件：

一是1844年英国颁布《皮尔条例》。该条例确立了英格兰银行的中央银行地位及其银行券的法币地位，同时剥夺了银行的铸币权。此后，各国中央银行、法定货币以及商业银行制度基本按此模式确立。

二是1933年美国颁布《格拉斯—斯蒂格尔法》。该法案实施了分业经营制度，将商业银行和投资银行分开，商业银行只负责存贷业务。

换言之，历史上的银行不是中介机构，如今的银行是经过两次“手术”切割之后的银行。

穿透历史，直击本质，银行其实是投资企业。不管是商业银行还是投资银行，都是经营投融资的金融机构。它们一边吸收和买入资金，另一边配置和卖出资金，实现跨期跨界配置，在风险经营中获取利润。商业银行不是资金撮合的平台，不存在为存款方和贷款方“代理监管”的问题。而戴蒙德提出银行可以化解流动性风险和提供流动性支持，这恰恰是银行作为投资机构的作用。在现实金融市场上，很多投资企业可以为专用资产提供流动性支持；很多基金如交易型开放式指数基金可以连续赎回（股票—现金）。换言之，银行与投资公司并无二致。

戴蒙德认为银行通过创造流动性为经济服务的结论是对的，但其解释有些勉强。实际上，解释银行作用的最佳理论是信用创造论、经营风险论和资金配置论，即银行通过创造信用和经营风险来跨期跨界配置资金。而这三项解释都指向一点：银行是一家投融资企业。

第二，戴蒙德将银行界定为金融中介的解释反而会掉入“金融脱媒”的陷阱，同时无法解释银行风险。

戴蒙德在与迪布维格合作的论文《银行挤兑、存款保险和流动性》中指向了一个难题：储户必须信任银行，否则会出现挤兑。银行与普通投资者一样，在“短借长贷”中也面临挤兑风险。

怎么办？

戴蒙德—迪布维格（Diamond–Dyvig）模型提供的解决方案是政府提供存款保险和央行扮演最后贷款人角色。两位作者因此论文而闻名，它是《金融与经济学》（*Finance and Economics*）中被引用最多的论文之一。但是，这个方向最终与伯南克殊途同归，走向中央银行干预之路。

02
中央银行为何干预?

本·伯南克不仅是一位资深的经济学家，还是美联储前主席，领导美联储应对2008年的金融危机。

伯南克也是一位“50后”，1975年获得哈佛大学文学学士学位，1979年获得麻省理工学院博士学位。麻省理工经济系是美国凯恩斯主义的大本营，但伯南克进入该校时，萨缪尔森的学术地位每况愈下。接过大旗的是斯坦利·费希尔、斯蒂格利茨等经济学家。费希尔担任了麻省理工经济系主任，还是伯南克的论文导师，他将麻省理工经济系打造成为“全球央行行长输出基地”。费希尔后来担任了美联储副主席、以色列央行行长，伯南克担任了美联储主席，伯南克的师兄马里奥·德拉吉，曾为意大利总理，曾担任意大利中央银行行长和欧洲中央银行行长。

萨缪尔森那一套被滞胀危机“打垮”后，费希尔、斯蒂格利茨等借鉴了弗里德曼的价格理论、货币主义和通胀理论，试图重新解释干预主义的合法性。费希尔要求伯南克阅读弗里德曼的《美国货币史》后再确定博士论文选题。

后来伯南克回忆道:“读过弗里德曼和施瓦茨的《美国货币史:1867—1960》后，我对大萧条的问题着迷了，就好像那些研究南北战争的爱好者一样，我不仅找到所有关于那段时间经济的书和资料来读，还看政治、社会、历史方面的书。但核心的问题——我管它叫宏观经济学的‘圣杯’，还是它为什么会发生，为什么如此严重。”

弗里德曼这本书对大萧条的解释对伯南克影响深远。弗里德曼认为，如果本杰明·斯特朗还活着，美联储会在1929年市场崩溃后施行激进的宽松政策，从而避免因为信贷收缩而带来的银行倒闭潮。

伯南克继承了弗里德曼关于流动性紧缩引发大萧条的观点，并且追溯到金本位制度上。他认为，金本位制度的刚性约束限制了美联储扩张货币。他援引了大量数据说明越早放弃金本位制度的国家，越快从大萧条中复苏过来。另外，他也吸收了费希尔市场非连续出清假设，说明工资黏性阻碍了市场出清，使得危机持续蔓延。

除了解释大萧条外，伯南克另一大学术贡献是提出“金融加速器”理论。金融加速器理论继承了汉森、萨缪尔森的乘数—加速思想，借鉴了明斯基的金融不稳定假说。1989年，伯南克和马克·格特勒共同发表论文《代理成本、净值与经济波动》。在这篇文章中，他们试图论证金融市场“不完美”。金融中介启用杠杆扩张信贷，提高了融资的代理成本，放大了金融风险。企业使用抵押品获得信贷，危机爆发时，资产净值缩水，融资能力下滑，由于债务具有刚性，偿债能力下降（类似于欧文·费雪的债务—通缩螺旋）。同时，金融中介在危机时紧缩流动性，延长了市场出清周期。

伯南克的大萧条和“金融加速器”理论，最后都指向一个出口：央行在危机时刻通过逆周期操作扮演补充流动性和稳定市场信心的拯救者。

伯南克先后在斯坦福和普林斯顿大学任教，曾担任后者经济学系主任。1987年开始，伯南克开始了自己的联储职业生涯，先后担任费城、波士顿、纽约三大联储的理事。2002年，伯南克被小布什总统任命为美联储理事。

当年，在弗里德曼90岁生日宴会上，刚担任美联储理事的伯南克作为代表发言，他对弗里德曼说："关于大萧条，你们是对的，美联储的确难辞其咎，我们非常抱歉，但多亏了你们，我们不会重蹈覆辙。"

在格林斯潘主导的引致次贷泡沫的宽松周期中，伯南克作为决策者之一持赞同意见。他回忆说，自己以及美联储的理事基本上都意识到房地产过热，但是几乎所有人都低估了风险。只有苏珊理事对风险的感知要强烈得多，她推动市场公开操作委员会特意召开了一场关于风险评估的专题讨论会。但是，很可惜的是，伯南克及多数理事没能跟上苏珊的节奏。

2006年，伯南克接替格林斯潘出任美联储主席，次年次贷危机爆发，他如何践行自己对弗里德曼的承诺?

从学术理论到联储决策，伯南克一以贯之。次贷危机开始时，伯南克认为风险主要集中在几家金融中介身上，他与财政部长亨利·保尔森化身救火队长，与华尔街大佬周旋，试图迫使他们出资拯救雷曼，但结果未遂。2008年9月15日，雷曼宣布破产，次贷危机全面升级为金融危机。金融机构快速收缩贷款，市场立即陷入流动性恐慌，隔夜拆借利率飙升。伯南克展现其"行动的勇气"，立即执行逆周期操作，通过美联储给市场输送流动性。随着危机迅速蔓延，伯南克启动了一轮前所未有的大宽松周期。他将美联储基金利率下调到零附近，实施量化宽松大规模购债，越过商业银行直接向企业提供贷款，同时创设了一系列公开市场操作的工具。

不过，伯南克驾驶"Ben"号直升机撒钱，遭到了无数指责。

批评者认为，伯南克滥用铸币权拯救那些制造危机的金融公司。美联储救助美国国际集团耗费了850亿美元的巨资，这被媒体嘲讽为“大而不能倒”经典案例，伯南克对此也颇为懊恼。

伯南克多次搬出联储法律和白芝浩原则给自己的行为辩护。伯南克、保尔森和盖特纳组成的“救市三剑客”共同出版了《灭火：美国金融危机及其教训》，书中写道：“1873年，英国记者沃尔特·白芝浩撰写了《伦巴第街》，该书被中央银行奉为圣经，其主要论点至今仍是危机应对策略中的关键部分。”

但是，当面临“如何避免‘最后贷款人’引发道德风险”这一关键问题时，伯南克开始扮演“严父”角色，主张金融监管。他在《行动的勇气》一书中强调金融监管的事前作用，认为干预是无奈之举。

实际上，央行支持者最终都会指向监管。2001年，戴蒙德和拉詹将亚洲金融危机爆发的原因之一界定为监管缺失。对于2008年金融危机的原因，戴蒙德认为是低利率催生泡沫、银行对流动性风险的双重态度和监管不力。

对比伯南克与戴蒙德的研究：伯南克认为银行扩张风险、金融市场“不完美”，戴蒙德认为银行作为金融中介可以提供流动性支持降低风险；但二人都认为，银行很重要，需要政府和中央银行提供保护，同时需要中央银行监管。

从商业银行到中央银行，伯南克和戴蒙德推演了银行系统如何履行稳定宏观经济的公共职责。不同的是，伯南克是拯救大危机的实际操刀者。

03
金融危机为何爆发？

在这场危机中，伯南克改变了美联储，也改变了世界经济走势。当然，凯恩斯、萨缪尔森、费希尔、弗里德曼和麻省理工造就了伯南克，小布什和奥巴马选择了伯南克，而民意推动了伯南克。

经济学家该如何评价伯南克的行动？

2009年12月16日，《时代周刊》将伯南克评选为当年的年度人物，肯定了他在领导美联储处理金融危机时成功避免了通货紧缩。伯南克也多次强调，美联储的救市行动避免了大萧条重现。

如今，10多年过去了，批评音仍不绝于耳。不少经济学家认为，美联储的量化宽松政策并未化解危机，反而阻断了市场出清，导致了危机时代经济持续低迷。更重要的是，伯南克导致美联储的货币制度失控，资产负债表快速膨胀，债务风险与资产泡沫风险像幽灵一样盘旋于全球经济上空；同时还破坏了自由竞争和公平秩序，加剧了贫富分化、社会矛盾和“公地悲剧”。

在次贷危机前的那轮紧缩行动中，格林斯潘曾对伯南克说，货币紧缩到底是化解风险还是刺破泡沫，在当下是很难判断的。如今，美国重返大通胀，债务“灰犀牛”起跑，这是鲍威尔该背的锅，还是伯南克当年埋的雷？伯南克，到底是“没有浪费一次危机”，还是“制造了更大的危机”？

这是未解之谜，源自“央行悖论”。

央行，作为市场主体，为市场提供货币；同时，作为公共机构，承担充分就业和稳定宏观经济的公共职责；而两者的使命、职责、目标和操作思想是相互矛盾的。

自由市场支持者倾向于将央行界定为一个去公共化的市场“中立机构”，认为即便在危机爆发时，央行都应该恪守货币发行纪律，锚定中性利率，避免过度干预市场，支持市场快速出清。在大萧条之前，这种清算主义思想在美联储、白宫和财政部内部颇为流行。

政府干预支持者倾向于将央行塑造为一个集拯救者和监管者于一身的公共机构，在危机时刻借助公共信用逆周期操作，为市场注入流动性，以稳定市场信心、避免金融系统崩溃。在大萧条期间，埃克尔斯上任将这种凯恩斯主义思想根植于美联储系统之中；在金融危机爆发后，伯南克将这一思想“逆风飞扬”。

就单个事件来说，央行或许拯救了经济，也或许制造了新危机。就过去100多年的经济历史来看，几乎每一场金融危机都跟央行的货币政策有关系。

以日本为例。哥伦比亚大学教授伊藤隆敏和东京大学教授星岳雄在《繁荣与停滞》中分析了日本经济发展和转型。通过两位教授的分析，我们可以发现，日本的每一场经济危机都跟银行制度及货币政策失当有关。比如，1923年日本关东大地震后，日本政府实施地震票据贴现损失担保政策，让银行收购企业票据，引发银行破产危机。又如，1990年之前的货币政策直接导致了泡沫危机。

下面重点介绍大萧条期间的日本经济政策。1930年，日本恢复金本位制度，但高估了日元与黄金的比例。这一错误的政策，叠加美国大萧条外溢到东亚，导致日本经济迅速通缩。次年，日本前首相、77岁的高桥是清再次出山拯救经济。他迅速放弃了金本位制度，禁止黄金兑换，大规模扩张货币购买国债以支持财政投资，促使日元贬值推动出口。高桥也因此被称为“日本的凯恩斯”。

从1931年到1935年，日本政府的财政支出从1500亿日元飙升到2215亿日元。政府财政支出增量主要由日本银行买单。1931年12月到1932年12月，日元对英镑贬值超40%，对美元贬值达60%。这刺激日本经济短期回暖，1932年和1933年，批发价格分别上涨7%、12%，实际GDP分别上涨8%和7%。可以界定为“大通胀复苏”，与2021年下半年到2022年上半年的美国类似。

1935年，高桥开始“刹车”，紧缩货币和财政支出，削减政府军费。但是，高桥前期的财政扩张极大地膨胀了军国主义的力量。次年，一群年轻军官闯入高桥卧室将其杀死。至此，军国主义势力彻底失控。

银行系统为何成为危机之源?

答案并不是金融市场不稳定、“不完美”，事实恰恰相反。如果一个人坚信经济学基本原理，那么他更容易相信市场的稳定性。我们几乎看不到全球餐饮店、理发店、便利店爆发经济危机。为什么？因为这些市场具有信息分散的、自由流通的自发秩序，是人为干预最少的市场。本质上，市场分权具有稳定性；而市场集中反而是危险的。没有市场危机，只有个体危机；市场不会死亡，只有个体出清。现实中即便危机爆发，市场之危机也是合意的，而人为之危机是非合意的。

复盘近半个世纪的经济危机，你会发现一个愈加明显的趋势：经济危机与由“商业银行—中央银行—法定货币—主权债券”构成的大银行大财政主义愈加密切，而远离其他市场因素。在当今全球化时代，美联储等西方央行的大银行大财政主义几乎是大型计划统制经济。这一制度设计符合大众的直觉、精英的自负和众生的投机主义，以公共信用之大树拯救苍生于水火。

回到现实，如果竞争性的“国家市场”未形成，大银行大财政主义唱主角，那么人们只能祈祷一位英明神武的德配天地的行长执掌经济命脉。他能在任何时候均提供合意的货币供应量和执行中性利率。他是格林斯潘、伯南克，还是鲍威尔？他是God。

我认为，伯南克、鲍威尔的努力值得尊重，只是他们站在古罗马城邦内指挥纽约州百老汇大街18号。

参考文献

[1] 陈永伟. 2022年诺贝尔经济学奖得主戴蒙德：为金融中介正名[N/OL]. 比较，2022-10-11[2023-01-02].https://mp.weixin.qq.com/s/TKjVojGyyTJP2DXsdYWzEQ.

[2] 本 · 伯南克，陈剑. 伯南克论大萧条：经济的衰退与复苏[M]. 北京：中信出版集团，2022.

[3] 陈永伟. 2022年诺贝尔经济学奖得主伯南克小传：美联储里的陌生人[N/OL]. 比较，2022-10-10[2023-01-02].https://mp.weixin.qq.com/s/iejoV6FGAkmoAHXSa_M1YA.

[4] 本 · 伯南克，蒂莫西 · 盖特纳，亨利 · 保尔森. 灭火：美国金融危机及其教训[M]. 冯毅，译. 北京：中信出版集团，2019.

[5] 本 · 伯南克. 行动的勇气[M]. 蒋宗强，译.北京：中信出版社，2016.

[6] 伊藤隆敏，星岳雄. 繁荣与停滞[M]. 郭金兴，译. 北京：中信出版集团，2022.